找出自己,才能发现一切。

点亮自性之光

[印度] 克里希那穆提 J.KRISHNAMURTI 著

胡因梦 译

当他进入我的屋里时，我禁不住对自己说："这绝对是菩萨。"

——纪伯伦（Kahlil Gibran）

克里希那穆提的语言坦诚而富有启发性，它替代了障碍竞赛和捕鼠器，令日常生活变成了一个喜悦的过程。

——亨利·米勒 (Henry Miller)

听克里希那穆提演讲，就像在听佛陀传法，如此的力道，如此原创的大家之言。

——奥尔德斯·赫胥黎 (Aldous Huxley)

在我的人生中，克里希那穆提曾深深地影响了我，帮助我突破了重重自我限制。

——迪帕克·乔普拉 (Deepak Chopra)

克里希那穆提的话带给人一种非比寻常的亲切感：优美、富有诗意，其博大精深犹如浩瀚的虚空一般。

——杰克·康菲尔德（Jack Kornfield）

这是一种深奥而新颖的自我认识之道，为个人解脱及成熟之爱带来更深的洞识。

——罗洛·梅（Rollo May）

我认为克里希那穆提为我们这个时代所带来的意义就是：人必须为自己思考，而不是被外在的宗教或灵性上的权威所左右。

——范·莫里森（Van Morrison）

克里希那穆提带给我深思的机会，并促使我去追求自己几乎不理解的东西。

——约瑟夫·坎贝尔（Joseph Campbell）

译者序

从20世纪50年代起,印度著名的佛学家优帕迪雅、藏密体系的桑督仁波切以及吠檀多学者便试图对克氏思想进行定位。一开始,克里希那穆提被视为正宗佛法的复兴者,龙树中观思想的现代诠释者,后来又有人认为克氏是"理入"禅的地道禅师。诚如桑督仁波切所言,克氏的教诲"从不落入相对次元,他的话永远发自无我的绝对境界"。因此,习惯从佛家观点理解克氏思想的桑督仁波切,开始试着以毫无成见和局限的态度来聆听克氏的话语。一段时日之后,他才逐渐辨识出佛陀与克氏的异同。桑督仁波切认为,基本上,佛陀通常从两种不同的层次——相对与绝对——因机施教,而克氏则不愿妥协,他指出的解脱途径乃是要顿超时空次元,在当下自然产生转化与突变。

这种"理入"禅的形式,和中国、日本的传统禅宗大异其趣。从表面上看,克氏教诲类似一种哲学式的逻辑推演,但仔细探究之后,你就会发现它没有任何立论点，或是落脚点。克氏只破不立地揭露理想、准则、依赖、执着和渴求经验的真相，不厌其烦地引领我们探索思想的本质——时间感、度量、掌控性和具有特定方向的活动。而且，他还进一步为我们指出了全观、内在秩序、美和爱的质地。

不论在早期的演讲集里，还是后期结集而成的著作里，克氏一再强调个人的解脱与彻悟。这显示出克氏对人类潜能赋予了最高的肯定，而这也是他不向任何组织、权威、方便法门、意识形态妥协的原因之一。克氏于1929年8月3日在荷兰欧门宣布解散世界明星社，在当天的公开演讲里，克氏明确表达了他的人生目的——促使人类走向解脱，帮助人类挣脱一切束缚——因为他已经见证了完整而无属性的自由。

《点亮自性之光》结集了过去未曾发表过的克氏演讲录。这本页数不多、看似平易近人的作品，其实是译者阅读过与译介过的克氏教诲中，堪称体大思精的代表作。内文里没有琐碎的对谈，没有写景的散记。从头至尾都是追根究底式的洞见与推理。读者若想精选出一本克氏思想入门书，《点亮自性之光》可谓上乘之选。

胡因梦

目录 | Contents

第一部分 具足自身的能量

没有任何体制、修炼方法或"如何"可以带来解脱,
只有观察才是真正的解脱行动。
你必须去观察,但不是透过别人的眼睛。

3 / 不要以人类的思维方式思考

6 / 心的寂静

11 / 全心全意地倾听

16 / 活在善意里

21 / 为什么人类无法彻底良善?

25 / 点亮自性之光

30 / 潜意识的问题

34 / 秩序意味着美

38 / 探索实相

42 / 美德之美

47 / 汇集所有的能量

53 / 时间的超越

57 / 生活的秩序

62 / 冥想的来龙去脉

68 / 何谓宇宙创生?

73 / 从慈悲中产生智慧

第二部分　光明自性的照彻

真理就在你的当下。它不在遥远的异国里，
它就在你的眼前。真理就在你的所作所为之中。

81 / 不通过意志力而行动

94 / 已知与未知的和谐

103 / 神圣的人生

112 / 从空寂中观察万物

120 / 开悟并非不变的状态

131 / 追寻的终点

140 / 纯然的观察

151 / 他人无法带给你光明

165 / 思想的局限

第一部分

具足自身的能量

没有任何体制、修炼方法或"如何"可以带来解脱，
只有观察才是真正的解脱行动。
你必须去观察，但不是透过别人的眼睛。

不要以人类的思维方式思考

若想为当今文化及社会结构带来根本的改变，我们就必须换上崭新的意识和截然不同的道德观，这是件显而易见的事。然而，无论是"左派"、"右派"或革命分子，似乎都无视于它的存在。任何教条、方程式、意识形态均是老旧意识的一部分，是由四分五裂的念头虚构出来的——"左派"、"右派"或中间派皆是如此。这样的活动难免会导致"左派"、"右派"和集权主义之间的流血冲突，这就是我们周遭的世界正在发生的事。虽然有人已经认清我们必须在社会、经济和道德上做些改变，不过连这种反应也是从老旧意识之中产生的，而思想便是最主要的创造者。人类陷入的混乱、困惑及悲惨境遇，都在陈旧的意识范畴之内，如果不进行深刻的自我转化，那么人类所有的活动——政治、经济或宗教——只可能为彼此及地球带来毁灭。对神智清明的人而言，这是个显而易见的事实。

每个人都必须点亮自性之光，这份光明就是律法，此

如果你正站在某个权威、教条或结论的阴影之中,
你就无法点亮自性之光了。

外别无律法了。其他所有的法则都是支离破碎和自相矛盾的。点亮自性之光意味着不去追随他人的见解，不论它有多么恰当、合乎逻辑、富有历史性或是具有说服力。如果你正站在某个权威、教条或结论的阴影之中，你就无法点亮自性之光了。德性并不是由思想组成的，也不是由环境压力促成的，它既不属于昨日，也不属于传统。德性本是爱之子，而爱不是一种欲望或享乐。性行为或感官享受并不是爱。

"解脱"指的就是点亮自性之光，这不是一个想象出来的抽象事物。真正的解脱是从依赖、执着、渴求经验之中解放出来。从思想的结构中解放出来，便是点亮了自性之光。在这份光明之中，所有的行动都可以毫不矛盾地自然产生。只有当内在的光明与行动产生分裂时，矛盾才会出现。理想或准则是我们设想出来的一些无聊的思维活动，它是无法与自性之光同时并存的——它们会彼此否定。当观察者出现时，这份光明，这份爱，便荡然无存了。观察者的结构本是由思想组成的，它永远不会是清新自由的。没有任何体制、修炼方法或"如何"可以带来解脱。只有观察才是真正的解脱行动。你必须去观察，但不是透过别人的眼睛。这份光明，这则律法，既不属于你，也不属于别人。真正存在的只有光明本身，而它就是爱。

心的寂静

我们能不能把所有的知识、概念及理论都放在一边,为自己去发现世间是否存在某种神圣的事物——不是言教,因为言教并不是真实的东西,言语的描述绝非被描述的事物——世间是否存在某个真实的东西,它不是想象出来的幻象或神话,而是永远不会被摧毁的实相,是不变的真理?

若想发现它,巧遇它,任何形式的权威都必须舍弃,因为权威暗示着臣服、顺从以及接受某个固定的模式。所以,心必须有能力自主,为自己带来光明。追随别人、加入某个团体、依循某个权威或传统所设定的修持方法,这些做法完全不是为自己去探查,让你无法在日常生活里看清有没有一个不能被思想揣度的不朽之物。如果它无法在日常生活里起作用,那么修持就是一种逃避,而且是毫无裨益之事。上述这一切都意味着你必须独立自主,但孤立与独立是不同的,孤独与独醒无惑也是截然不同的。

我们所关怀的乃是整体人生，不是支离破碎的某个局部，而是你整体的言行、思想及感觉。倘若我们关心的是整体人生，我们就不可能通过四分五裂的思想来解决所有的问题。思想也许会授权给自己，将自己所有的碎片组合起来，但这些碎片仍然是思想本身的产物。我们早已被制约成以渐进的方式来成长。人们深信，内心的进化是实存的，但真的有一个所谓的"我"在进化吗？或者它只不过是思想的投射罢了？

若想弄清楚是否有一个非幻象、神话或思想所能投射的东西，我们就必须探索思想能否被掌控，念头能不能静止不动，能不能被压制下来让心完全寂静。"掌控"意味着有一个掌控者与被掌控的对象，不是吗？那个掌控者到底是谁？它难道不是被思想创造出来的一个掌控者，而只是一堆念头的组合罢了？如果你认清了这个事实，那么掌控者即是被掌控的对象，经验者就是被经验的对象，思想者正是思想本身。它们并不是分裂开来的不同个体。如果你领悟了这一点，你就没有必要去控制什么了。

掌控者是不存在的，只因掌控者即是被掌控的对象，这时又会发生什么事？当掌控者与被掌控的对象分裂时，冲突就会产生，而能量也消耗了；但当掌控者就是被掌控的对象时，那么能量就不会耗损。然后，所有

心能不能彻底安静下来?
因为一颗安静的心具有无穷大的能量,
它是所有能量的总和。

通过压抑、抗拒——因掌控者与被掌控对象的界分——而产生的能量耗损，就会重新蓄积起来。当界分感不存在时，你自然拥有足够的能量，去超越那些你认为必须掌控的东西。在冥想时你必须认清，控制念头或驾驭念头都是不对的，因为驾驭念头的人，不过是一堆念头的组合罢了。假设你认清了这一点，你就不会再通过比较、掌控和压抑而消耗能量，那时你就能超越眼前的现象了。

我们现在真正想探讨的是，心能不能彻底安静下来？因为一颗安静的心具有无穷大的能量，它是所有能量的总和。这颗心永远都在喋喋不休、转动不已；换句话说，思想永远在回顾、记忆、累积知识、不断地改变，那么它能不能完全安静下来？你有没有试着去看看念头能不能安静下来？如何才能让念头安静下来？你知道，思想就是时间，而时间便是活动——一种度量的活动。在日常生活中，你衡量、比较，包括生理和心理两种层面，而这些都是度量的活动。较量也意味着度量。在生活中不与人较量，你能不能做到？不但在冥想时不比较，在生活中也完全不跟人较量，你能做到吗？如果我们正在选布料、选衣服、选汽车，或是正在评判不同的知识体系，这时当然要做比较，但除此之外，我们在心理上也总是和别人比来比去。这种较量的心思一旦安静下来,我们有没有可能完全独立自觉?"不较量的心"便暗示着这样的心境,但这并不意味着你是在混日子。因此,在日常生活里,你能不能不跟人较量?试着去做做看,你才能发现个中的旨趣。你会觉得如释重负;除去不必要的负担之后,你就会拥有能量了。

全心全意地倾听

你有没有全心全意地注意过某种东西？你现在对眼前这位演讲者的话语，有没有真的在注意听？还是你正抱着比较之心在听，看看他说的话和你以前所吸收的知识是否相应？你是不是在根据自己的认知、倾向和偏好，在诠释这位演讲者的话语？如果是的话，那就不叫全心全意的听了，不是吗？如果你真的以你的全身、你的神经系统、眼、耳、心以及整个生命在倾听的话，你的自我中心感就不见了，剩下的只有那份注意力了。全心全意地倾听便是彻底的宁静。

请听听这些话语的内涵吧！因为很不幸，没有人会告诉你们这些事。如果你能全心全意地倾听，那么倾听本身便是一件很神奇的事。在全心全意的倾听之中是没有边界感的，因此也就没有特定的方向。这时，存在的只有全观。当全观出现时，你我之分就不见了，二元对立消失了，观者与被观之物的界分也因此而消融。如果心只是朝着某个特定的方向思考，这种状态是不可能出现的。

我们所受的教育总是在制约我们,让我们朝某个特定的方向思考。我们总是抱持着某种概念、信仰、知识或方程式,去臆测实相或至乐之类的不可思议的境界。我们将其锁定为一个目标,一份理想,然后径自朝着那个特定的方向迈进。当你朝着那个特定方向迈进时,空寂感就不见了。一旦朝着某个特定的方向留意、行走或思考,你的心便失去了空间。每当心中充塞着执着、恐惧、权力欲,或是在追求享乐和地位时,空寂感便消失了。这时,心被塞得满满的,没有任何空间。但是,我们的心需要空间,而全心全意地觉知或全观,就是一种没有任何方向感的空境。

因此,冥想暗示着完全没有任何活动在进行。这意味着心是彻底宁静的,它不朝任何一个方向运转。它没有任何活动,而活动就是时间感,活动即是思维。如果认清了这个真相——言语无法描述的真相——你的心就安静了。我们必须让心安静下来——但不是为了睡得长一些,事情做得好一点儿,或是赚到更多的钱!

大多数人都活得相当贫乏、空虚。虽然他们拥有许多知识,但还是活得不圆满、不完整、不快乐,并且充满着矛盾。这一切都是贫乏的形式,而他们竟然还要浪费生命,企图让心丰富一些,刻意去培养各种形式的美德，做尽其他傻事。我并不是在说美德是不必要的，我的意思是，美德本是一种秩序，只有当你深入于内心的混乱时，才能了解秩序是什么。我们的生活确实是混乱的、失序的，这是一个不争的事实。混乱就是矛盾、困惑、各种独断的欲望，或是口里说的和真实的行为不符，心中的理想和事实之间有一道鸿沟。这一切都是失序的状态。如果能觉察到这个真相，而且是全心全意地觉察它，那么从这份觉察之中就会产生秩序，而这便是美德——这种美德是自然的，并不是想方设法修来的一种邪行。

生活中的冥想就是要转化心念，带来心灵上的革命，让我们在日常生活中——不是理论，也不是理想，而是在每一个行动之中——活出慈悲、爱，以及转化琐碎、狭隘和肤浅的那股大能。当心寂静时——真正的寂静，不是透过欲望和意志力制造出来的定境——一种没有时间感、不同于往常的活动就会出现。

你知道，要描述那样的状态是件相当荒谬的事。言语的描述绝非真实的东西。重点在于，冥想其实是一种艺术。"艺术"这个名词有一种将事物放在正确位置的意味，所以我们要在日常生活中将每件事都摆在正确的位置，这样我们才不会产生困惑。假设日常的一切事物都井然有序，行为正当，心也就完全宁静了。那时，心自

每当心中充塞着执着、恐惧、权力欲，
或是在追求享乐和地位时，空寂感便消失了。
这时，心被塞得满满的，没有任何空间。

然会去发现世间是否存在着一个无法度量的东西。在你尚未发现最高形式的圣境之前，生活永远是平庸的、无意义。这就是为什么冥想是绝对必要的事，因为只有通过它，心才能年轻、鲜活、纯真。纯真意味着不受伤害。冥想之中蕴含的一切都在日常生活里。为了理解我们的日常生活，冥想确实是必要的。它是全观自己的所作所为——和别人说话的方式、走路的样子、思考的模式、思想的内容——全观这一切，便是冥想所要下的一部分功夫。

冥想不是一种逃避，也不是什么神秘的事。通过冥想，我们自然能活出神圣的人生。你会因此而看见众生身上的神性。

活在善意里

人为什么无法转化？他只能在这里改一点，在那里改一点，即使这样，他竟然还想拥有一个良善的社会。他不但想为自己、为自己的关系(不论亲疏)带来秩序，同时还想拥有一个和平的世界，他想独自与花为伍，拥有某种程度的美善。如果你观察一下从古至今的历史，你会发现这一直是人类最深的渴望。然而人类越是文明化，制造的失序和战争就越多。地球从未有一个时期是没有战争的，人杀人、宗教摧毁宗教、某团体掌控了另一个团体、某个组织又压榨了其他组织。

觉察到这永无止境的挣扎，你难道不问问自己：我有没有可能神智清明地、快乐地、理性地活在这个世界上，既没有外在或内在的争战，也不企图逃开，跑到集体公社里，变成一名隐士或和尚？如果你曾经问过自己——希望你现在就问问看，因为这样我们才是在共同思索这个问题——那么你一定会渴望拥有一个良善的社会。

创造出一个良善的社会，曾经是古印度、古希腊和古埃及的梦，然而只有当人类变得善良时，才会出现优质的社会。人的善意往往能带来良性的关系互动，带来好的品性、幸福的生活。

良善也意味着美，同时也意味着神圣，它和神以及最高的操守有关。因此，我们必须清楚地理解"良善"一词。如果你的心中有善意，那么无论你做什么都是恰当的，包括你的关系、你的行为以及你思考的方式。你可以在瞬间立刻领会这个词所蕴含的意义。

让我们共同思考一下"良善"的意义。如果你真的深入于它的精神内涵，它一定会对你的生活方式产生影响。因此，请稍微留意一下这个词的含义。但文字并不是真实的东西。我们也许可以用最优美的辞藻来形容一座山，甚至可以把它画出来，写成一首诗，不过文字、描述或诗，毕竟不是真实的东西。我们通常都会不由自主地被文字或描述所感动。

良善并不是邪恶的反面，因为良善完全与丑陋、邪恶或不美好的事物无关。良善是独立存在的。如果你说良善是由丑陋和邪恶逐渐演变而成的，那么良善之中一定包含了邪恶、丑陋及残忍。因此，良善是一种与不善毫无关系的品质。

一旦接受了某个权威的引领，良善就不可能存在了。权威是非常复杂的东西。多少个世纪以来，人类已经立下了无数的权威律法，譬如自然律、我们所顺从的自己过往的经验，以及掌控我们生活的一些琐碎原则。此外，还有教会的规范，被我们称为"宗教的组织化信仰"之中的教条。我们现在所说的良善，跟任何形式的权威都无关。

请检视它，仔细思索一下。良善并不是乖顺。如果你臣服于一种信仰、观念、理想或原则，那并不意味着你就是善良的，因为它只会制造冲突、对立。良善无法通过别人，通过宗教导师、教条或信仰而达成，它只能在"全观"的沃土里生长，而其中是没有任何权威的。良善的本质其实是一颗没有冲突的心。良善也意味着强烈的责任感。你不可能心怀善意，却允许战争发生。因此，一个真正善良的人，一定会为他的生命负起全责。

我们现在正在探讨的是，如果一个生活在社会中的人受到教会、信仰、宗教权威人物的压制，他还有可能是善良的吗？只有当身为人类一员的你真的变得善良时——彻底的善，而非部分的善——我们才能创造出不同于以往的社会。这件事有可能发生吗？我们有可能活在世上，结婚生子，整日工作，同时还保有善心吗？我们现在所说的"善"暗示了强烈的责任感、关怀、全观、勤勉以及爱。"良善"这两个字包含了上述所有的意

如果你的心中有善意，
那么无论你做什么都是恰当的，
包括你的关系、你的行为以及你思考的方式。

思。对你们这些愿意听我说话的人而言，你们能做得到吗？如果不能，你们就是接受了现有的社会。若想创造出一个截然不同的社会，一个本质善良的社会，你必须拥有巨大的能量。要做到这一点，你必须学会全观，也就是汇聚你所有的能量。人类拥有许多的能量，当他们"想"做一件事的时候，他们会立刻起而行之。

为什么人类无法彻底良善？

是什么东西让人无法彻底良善？障碍是什么？为什么人类——你——无法彻底良善？如果懂得观察的话，你势必会发现这个世界的真相，而且，你就是这个世界，世界和你是同一回事，你创造了世界，创造了社会，创造了宗教以及它们的教条、信仰、仪式、界分和派别。人类一手创造出了这一切。事实上，不正是这些东西阻碍了我们的善性吗？到底是因为我们的信仰，还是因为我们过于关切自己的性爱、恐惧、焦虑、寂寞、需求、想要认同某种东西的欲望，而阻碍了我们的善性？如果是上述所有的心态阻碍了我们，它们就是没有价值的。假设你已经认清自己很想拥有这份善良的品质，那么你必须知道，来自任何一方的压力包括自己的信仰、原则或理想都会阻碍善性。然后，你就会舍弃它们，而没有任何的托词或纠结了。

世界各地的动乱和失序，对生命而言都是一种威胁。它正处于四处蔓延之中。因此，任何一个对自己、对世

你就是这个世界,世界和你是同一回事,
你创造了世界,创造了社会,创造了宗教以及它们的教条、
信仰、仪式、界分和派别。人类一手创造出了这一切。
事实上,不正是这些东西阻碍了我们的善性吗?

界负责的观察者，都必须探索上述这些问题。科学家、政客、哲人、心理学者或宗师们——不论他们是来自于印度或是你自己的国家——都没有解决人类的问题，他们提出了各种理论，还是没有解决问题，其他人也解决不了。所以，我们必须靠自己来消融这些问题，因为我们就是问题的制造者。但很不幸的是，我们并不愿意去看自己的问题，不愿意深入探索为什么我们活得如此自私自利。

我们现在正在研究人类是否能带着善意、美和神性活在这个世界上？如果不能，那我们一定会默认日益增长的危机和混乱，并且会祸延子孙及其他众生。

现在我们可不可以探讨一下"认识自己"这个主题？因为个人就是世界的缩影。世界各地的人类——无论肤色是什么，宗教信仰是什么，国籍是什么——在内心里都是痛苦的。他们都经历了巨大的焦虑、寂寞、沮丧、忧郁和一种生活无意义的感觉。全世界的人在内心里都有同感，这就是现实，是真相，是目前正在发生的事。因此，从心理层面而言，你即是世界，世界即是你。所以，一旦你了解了自己，便了解了整体人类的结构及本质。这绝不是一种自我中心的想法，因为一旦了解了自己，你就能超越自己，那时生命才能进入截然不同的维度。

什么东西能令我们真的转变？更多的惊吓、更大的灾难吗？还是需要不同形式的政府？新的自我形象？其他的理想？这一切你们都试过了，但仍然没什么改变。我们的教育越复杂，我们变得越文明——这里指的是离自然越来越远的文明——我们就会越失去人性。那么我们到底该怎么办？既然所有的身外之物都无法帮助我，包括一切的神祇在内，很显然，我只有靠自己来了解自己了。我必须看见自己的真相，然后从根本上改变自己。良善就是这样发展出来的。如此，我们才能创造出一个美好的社会。

点亮自性之光

我们可以无止境地一直讲下去，一个结论接着一个结论地探讨下去，只要能从这些枝词蔓语之中生出清明的解脱行动，就算是说上一万句话也是值得的。我们大多数人都害怕行动，因为我们充满着困惑、失序、矛盾和不幸。不过我们衷心地希望，即使充满着混乱，某种清明的品质还是会出现：这种清明的心性不是从外面得来的，它永远不会被遮蔽，也不是由别人促成的、引发的或随时可以被夺走的。它不必通过意志费力地达成，也没有任何意图。它不会结束，所以也没有开端。

如果我们能稍微意识到内心的混乱，或许我们都会渴望拥有这份清明的心性。现在让我们来研究一下，看看我们是否能顿然发现它，以至于你的心智及情绪都变得非常清晰，毫不混乱，没有任何问题或恐惧。能够发现自性之光，可以说是一件最有价值的事，因为有了这份光明，你就不必再仰赖任何人，那时你就彻底自由了。内心的困惑或失序，即使通过多年的层层分析和探索，也未必能理清。你可以从因果的角度进行理性分析，也可以完全跳出因果，直接面对它，而不必假借任何高智力的权威来解析它。

要做到这一点，你必须学会冥想。"冥想"一词早已被滥用，如同"爱"一样，它早就被玷污了，不过它仍然是个美好的词语：它蕴藏着丰富的涵义。我指的不是这个词本身，而是它背后蕴含的大美。我们将进一步探索，看看那个一直处在冥想状态的心是什么样子的。为了替冥想奠定基础，我们必须先了解生死是什么。了解生与死的非凡意义即是冥想。冥想并不是去探索某种深层的神秘经验，也不是重复诵念咒语，不管这个咒语有多么神圣、古老。持咒虽然可以静心，但也会让心变得迟钝、愚笨并进入催眠状态。那还不如服用镇静剂算了。重复诵念咒语、自我催眠、依循某种修行体系或方法，这些都不是真正的冥想。

"经验"一词暗示着一种发现的过程。我昨天有一个经验，它带给我的可能是快乐，也可能是痛苦。要想完全和那个经验贴近，你就必须先发现它。但凡是能够被发现的东西，势必是已经存在的，因此，经验从来都不是新鲜的。实相则是永远无法被体验的：这就是它的美之所在，因为它永远都是崭新的，不可能是昨日已经发生过的事。昨日发生过的事必须彻底遗忘，或者整理清

我们都很乐于接受能带给我们承诺的人,
因为我们自己的心中无光。

楚之后立刻放下。一味地从成败的角度一再回顾它，或是把那份特殊的经验拿出来炫耀，企图说服别人，都是件很愚蠢的事。你对"经验"这两个字必须十分小心，因为凡是能够被你记起来的经验，都是早已在你身上发生过的事。这意味着必须有一个思想者、观察者在那里保留住已经发生过的经验。

只要有一个充满着记忆的"我"或思想者存在，实相就不存在了。如果有一个人告诉你他已经体验了实相，不要轻信他的话，不要接受他的权威掌控。

我们都很乐于接受能带给我们承诺的人，因为我们自己的心中无光。但是没有人能赋予你内在之光——没有任何宗师、老师或救世主能做得到。过去，我们已经接受过许许多多的权威，我们把信心放在他们身上，而他们不是剥削我们，就是彻底失效。所以不可轻信，甚至要谢绝所有精神上的权威掌控。没有人能赋予我们永恒不灭的内在之光。

追随别人就是在企图模仿。追随不只暗示着否认了自己的清明自性、自己的探索能力和自己的诚意，甚至还暗示着只要追随某人就会有奖赏。实相可不是一种奖赏啊！如果你真的想了解什么是实相，那么任何形式的赏罚你都必须舍弃。服从权威暗示着恐惧，所以若是害怕自己无法领会剥削者以真理或悟道之名所传授的方法，努力地修炼自己，那么你就是在否定自己的清明自性和诚直。假设你说你"必须"冥想，"必须"依循某种特殊的方法或某个修行体系，你显然是在用那个体系或方法来限制自己。也许你会得到那个方法所承诺的结果，但终究还是一堆灰烬，因为你背后的动机仍然是成就欲，而成就欲的根源便是恐惧。

你我之间并不存在任何的权威性。演讲者的心中没有任何权威欲。他一点儿也不想说服你或要求你服从。你一旦服从于某人，就等于是在毁灭他。门徒往往在摧毁宗师，而宗师也往往在毁灭门徒。你可以在历史中和日常生活里看到这个真相：当夫妻互相掌控对方时，就是在毁灭对方。那种情况毫无自由、美和爱。

潜意识的问题

如果我们不打下正确的基础，一个富有秩序、深度和脉络清晰的基础，我们的思想不可避免地就会变得扭曲、虚妄、不实，如此一来，它们就毫无价值可言了。建立一个正确的基础和秩序，便是冥想的起点。我们的人生，从生到死，时时刻刻都在作战，虽然结婚、生子、功成名就，但内心或外在世界仍旧是个战场，无论在家里、办公室里、团体里、社区里，我们都在无休止地奋斗着，这就是我们所谓的人生。痛苦、恐惧、绝望、焦虑、巨大无边的苦难时时笼罩着我们，这便是我们的人生。也许有一小部分人已经观察到这种失序的状态，但并不打算寻找外在的借口，虽然外在的肇因确实存在。也许这一小部分人已经观察到，并且认清了这种失序的状态，他们不但在表层意识中有了这份认识，而且在内心深处也产生了觉悟。他们既不接受也不拒绝这个失序、困惑、令人惊骇的乱象——包括我们自己内心的以及外在世界的。

如果你观察过它,你会发现这个所谓的潜意识,
也不过是种族、文化、宗族以及自己的
企图和欲望的残渣。它是潜藏在底端的。
要一颗陷入这种状态的心去静坐、冥想,
根本就是一件幼稚而毫无意义的事。

大量的著作都曾探讨过潜意识的问题,尤其是在西方世界。人们给予它过多的关注,然而它跟意识是同样肤浅的。你自己观察一下就知道了。如果你观察过它,你会发现这个所谓的潜意识,也不过是种族、文化、宗族以及自己的企图和欲望的残渣。它是潜藏在底端的。而意识心则充斥着日常的例行琐事,譬如上班或性行为等。强调孰重孰轻是徒劳无益的,因为两者的意义都不大,但意识心可以获得技术上的知识以求取生存。

这个在表层意识和深层意识中不断进行的争战,就是我们的生活方式。那是一种失序的生活方式。要一颗陷入这种状态的心去静坐、冥想,根本就是一件幼稚而毫无意义的事。冥想就是在这种混乱的状态中找到秩序,不是通过努力而达成的,因为每一分努力都会扭曲心智。若想见到实相,心必须彻底清明,没有任何扭曲,没有任何冲动,也没有特定的方向。

因此,我们必须打下正确的基础。也就是说,我们必须先有美德才行。秩序便是美德。这份美德和我们所接受的社会道德毫无关系。社会已经在我们身上强加了许多道德禁令,但社会不就是每个人制造出来的产物吗?社会的道德观告诉我们,你可以贪婪,可以奉上帝之名、国家之名、理想主义之名而杀人,可以在法律的保护之下放肆地与人竞争,彼此羡妒。这样的"道德"

其实是不道德的。因此，你必须在内心里彻底否决这样的"道德"，才能获得真正的美德。这便是美德之美。美德不是一种习性，也不是日复一日可以修炼出来的东西。刻意修炼只是一种机械化的、无意义的例行公事罢了。美德意味着认清混乱的原因是什么。混乱往往源自我们内心的冲突，源自独断的欲望、野心、贪婪、羡妒和恐惧。这些都是内心及外在世界出现混乱的肇因。要想觉察到它们，你必须和它们接触。只有当你不否认它们、不合理化它们、不归咎于别人时，你才能接触到它们。

秩序不是你可以蓄意建立的东西——一旦放下了混乱，秩序就出现了。美德本是一种秩序，你如果理解了混乱的整个本质和结构之后，它就出现了。观察一下自己的心，你自然会明白它有多么混乱和矛盾。譬如，我们心里明明充满着恨，却认为自己有爱，这便是失序的开始，一种二元对立的状态；而美德不是二元对立的产物。美德是一种自然素朴的品质，在我们的日常生活中，我们随时都可以将它拾起来；它不是那个重复再三、被你称为道德的陈腐传统。道德传统是个机械化的、无价值的东西。因此，我们必须先建立起秩序，这也是冥想所要下的一部分功夫。

秩序意味着美

秩序意味着美,而我们的人生实在太缺少美了。美不是人为的,它不是现代或古典画作中的美,也不在建筑物中、雕像中、云朵中、绿叶里,或是在水面上。只要心不再困惑而彻底清明时,美就出现了。只有当自我彻底被否决,当这个"我"不再有任何重要性时,秩序才会产生。终结"我"的活动便是冥想的一部分,或者应该说,这才是"唯一"的冥想方式。

你一直活在思想之中,赋予了思想太多的重要性,但思想总是陈旧的,它永远不可能是新颖的,只是记忆的延续罢了。譬如,你曾经在某处生活过,显然你对那个地方还保有某些记忆,但这份记忆已经是逝去的、结束的东西,是一种老旧的产物。只有当这些老旧的记忆终结之后,新的东西才能产生。因此,死亡就成了一件非常需要去理解的事。让你所知道的每一件事都消逝掉,你有没有试着这么做过?试着摆脱掉所有的已知、所有的记忆,纵使是几天也好;摆脱掉你的欲望,心中没有任何争辩，没有任何恐惧，让你的家人、你的房子，全都止息；让自己变成一个无名氏。只有当我们变成无名氏的时候，才能进入没有暴力的状态，成为一个内心没有任何暴力的人。因此，每一天你都要颠覆自己，这不是一种概念，而是真的要做到的事。请找个时间试试看。

我们累积的东西真是不少，不只是书籍、房屋、银行存款，也包括曾经被某人羞辱过、奉承过的回忆，一些特殊的经验，或是通过患得患失而达到的成就和地位等。让上述这一切全都止息而没有任何争辩，没有任何自我对谈，没有任何恐惧，只是放下就对了，找个时间试试看，你就明白个中滋味了。在心理上做到这一点——不需要放弃你的妻子、你的衣裳、你的丈夫、你的小孩或是你的房子，而只是在心理上做到这一点——意味着对任何事物都不生执着之心。其中便蕴含着无限的美。这就是爱，不是吗？因为爱不是一种执着。执着一出现，恐惧便产生了。而恐惧不可避免地又会变成独裁主义、占有、压抑和掌控。

冥想乃是了悟人生的一种过程，也就是要为生活带来秩序。秩序即是美德与光。这份光明是别人无法给予的，不论那人有多么老练、聪明、博学或神圣。无论在天上还是地上，都没有人可以点亮你的自性之光，除非

让内心所有的东西都止息!
因为爱是纯真而清新、年轻而明澈的。

你能通过自己的领悟和冥想来将它点燃。

让内心所有的东西都止息！因为爱是纯真而清新、年轻而明澈的。如果你能建立起这份秩序、美德、光以及美，你就能真的超拔。这意味着你的心因为有了秩序而变得彻底寂静——很自然的，不必费力，也无须修炼。在这片寂静的荣光之中，所有的行动会自然运作，你就是这么自自然然地在寂静中过着日子。

如果一个人能有幸如此深入地了解自己，那么从这份寂静中一定会产生截然不同的活动。这个活动和时间无关，和文字无关，它是不可思议的，因为它永远清新。而它就是人类穷追不舍的无价之宝。但是，你必须亲自去发现它，它是不可能自动来到你面前的。它既不是文字，也不是象征。因为这些东西都具有破坏性。如果想让它出现，你必须拥有彻底的秩序、美和爱，必须把心理上累积的一切东西全都止息，让你的心清明而不扭曲，能够如实见到内在及外在世界的真相。

探索实相

人生中有没有一个不是由思想虚构出来的神圣事物？很久以前，人类已经提出这个问题了。到底有没有一个超越困惑、不幸、黑暗、幻觉、组织和改革之外的实相？有没有一个超越时间、非思想所能揣度的实相？人类一直在探索这个东西，但是很显然，只有极少数的人拥有进入那个世界的自由。自古以来，僧侣一向是追寻者与追寻者想找到的东西之间的中介。僧侣一向负责诠释真理，是知晓真理的人，或者自认已经通晓了一切，于是追寻者就这么被他们误导了，注意力也被转移了，最终迷失了方向。

思想无论怎么创造，都不可能是神圣的。它永远是一种物质的活动，如同我们人也是一种物质一样。思想将人类划入不同的宗教组织或国籍。它本是知识的产物，而知识一向无法完整地描述任何事物，因此思想永远是有限的、分化的。只要分化的活动存在，就一定会制造冲突。这些界分都是从思想的活动中产生的，因

机械化的思想永远也无法发现
那个完整无上的秩序,
亦即彻底的自由或解脱。

此，只要一有界分，必定会产生冲突，这是定律。任何由思想组合成的东西，不论是书本上的、教会中的、寺庙或清真寺里的，都不会是神圣的。没有任何象征是神圣的，象征不是宗教，它只是一种思维的形式，一种被我们视为是神圣的肤浅的反应罢了。

若想探索实相，必须汇集所有的能量。你必须勤勉到有能力不按照任何模式行事，而只是不断地观察自己的思想、感觉、恐惧和敌意，并且超越它们，让自己的心彻底自由。若想深入探索那些最神圣、不可名状、超越时间的东西，你就不能属于任何团体、教派、信仰和信念，因为信仰和信念都会把某个也许并不存在的东西视为真理。信仰的本质就是不必通过自己的探索、行动和能量，便轻易接受某样东西是真理。

机械化的思想永远也无法发现那个完整无上的秩序，亦即彻底的自由或解脱。宇宙的运转是完全合乎秩序的，所以心必须井然有序。这颗心已经理解了混乱，故而摆脱了矛盾、模仿和臣服，全心全意地在觉知。它对于自己的行为和关系的互动方式，都是全心全意地在觉察的。这种全观的状态并不是专心。专心是受制的、狭窄的、有限的，而全观却是无限的。在全观之中蕴藏着空寂的本质——不是由思想制造出的空境，不是噪音消失之后的寂静，更不是前念与后念之间的空当。那是一种跟欲望、意志力或思想无关的空寂。在那样的冥想状态里,并不存在掌控者,然而所有由宗教组织发明出来的修行体系,永远都需要努力、自制力和锻炼。锻炼的真谛其实就是学习——不是臣服,而是学习——让你的心变得越来越细腻。

学习是一种永远持续的活动,它不是基于知识之上的。冥想就是从已知和度量的活动之中解脱出来。在这样的冥想状态里,才有绝对的空寂。

从那份空寂之中就会出现不可名状的实相。

美德之美

思想是介于"真相"和"应该怎么样"之间的一种活动。它是阻碍空寂的一份时间感,只要在心理上产生了此与彼之分,这种界分的活动就会制造出时间感。因此,思想即是时间的活动。当你在"如实"观察的时候,时间的活动,亦即思想,存不存在?换句话说,那份观察之中并没有能观与所观之分,也没有想超越眼前"真相"的思维活动。了解这一点是很重要的,因为思想往往会制造出看似乎神圣的非凡影像,而所有的宗教信仰一直都在做这件事。它们都是基于思想的,都是由信念、教条和仪式组成的。因此,除非你能彻底明白思想即是时间的活动,否则,心是无法超越自己的。

我们受过的教育及训练都在企图将"真相"改变成"应该怎么样"的一份理想,而这是需要时间才能达到的目标。将"真相"改变成"应该怎么样"的思维活动,是一种阻碍空寂的时间活动——然而,观者即是被观之物,根本没有什么东西可以被改变,存在的只有

"真相"罢了。观者不知该如何处置眼前的"真相",因此他试尽各种办法去改变"真相",掌控"真相",压抑"真相"。"真相"就是观者本身,是心中的愤怒、忌妒等;忌妒和观者是没有分别的,它们是一体的。如果想要改变"真相"的思维及时间活动不存在了,如果思想觉察到"真相"是不可能改变的,那么眼前的"真相"便彻底止息了,因为观者即是被观之物。

如果你深入探究这些现象,你自然会有所发现。这其实是一件很容易办到的事。譬如,我如果不喜欢某人,这份嫌恶和"我"其实是没有分别的。这个正在嫌恶的存在,正是嫌恶本身,它们是无法分开的。然而思想一旦告诉自己,"我必须超越这份嫌恶",脱离真相的时间活动便产生了。因此,观者这个存在与所谓的"嫌恶",本质上是同样的东西。认清这一点,你就能如如不动。这里的如如不动并非指停滞不动,而是心中完全没有活动,亦即彻底空寂了。这时,以思维活动呈现出来的时间活动便彻底静止了下来,从中产生即时的行动。如此一来,心就奠定了基础,得以从失序之中解脱出来,美德也因此而趋于成熟。这才是你和他人关系的真实基础。在这种关系中,没有任何形象问题,只存在单纯的关系,你们无须去适应彼此在对方身上所投射出的形象。存在的只有眼前的"真相",而不是去改变这个

我如果不喜欢某人,这份嫌恶和"我"
其实是没有分别的。这个正在嫌恶的存在,
正是嫌恶本身,它们是无法分开的。
然而思想一旦告诉自己,"我必须超越这份嫌恶",
脱离真相的时间活动便产生了。

"真相"。改变"真相"或是转变"真相"都是一种陷入时间感的思维活动。

当你终于领悟到这一点时，你的心和脑就完全寂静了。充斥着记忆、经验和知识的头脑，只能也必须在已知的领域中运作。现在，那颗心、那个头脑终于从时间和思维的活动中解脱了出来。这时，心便彻底寂静了。这样的修行过程是无须费力的。修行不能有任何刻意锻炼及掌控的感觉，因为这些都属于一种失序状态。

我们现在所探讨的，跟一般的宗师、大师或禅宗哲人的观点是截然不同的，因为在此观点之中，没有任何的权威性，你也无须追随任何人。如果你追随了某些人，你不但在摧毁自己，也在毁灭你所追随的人。一颗真正富有宗教情怀的心，是没有任何权威性的。它拥有的是智慧以及应用智慧的方法。在世俗的创造活动之中，你需要科学家、医师以及驾驶教练之类的权威，除此之外，你并不需要什么权威，也不需要宗师。

因此，如果你已经如此深入地探索过自己，你的心自然会在关系互动中建立起秩序，并能彻底理解日常生活失序的症结所在。从这份对混乱的理解和毫无选择的觉察之中，就会产生美德，它不是刻意培养出来的，也不是由思想制造的。这种美德便是爱和秩序。如果心已经深深建立起这种美德，它就是无法改变和动摇的。然后，你才能探知时间活动的来龙去脉。那时，心便彻底寂静了。在那份寂静之中，没有观察者、经验者或思想者。

我们拥有各种形式的感觉和超感能力，天眼通、灵疗能力和其他事都可能发生。不过，这些都是次要的，一颗真正想探索实相和圣境的心，是不会执着于这些事的。

这样的心才能自由地观察。然后，你才会发现人类一直在追寻的那个不可名状又超越时间的东西。这个东西是无法用言语形容的，因为想用言语来描述实相的那份存在感已经不见了，思想制造出来的意象也彻底止息了。你的心中一旦拥有了这份奇妙的爱或慈悲——不仅是爱你的邻人，同时也爱动物、树木和众生——你就会发现那个圣境，巧遇它。

这样的心便是神圣不朽的。

汇集所有的能量

思想是受限的，因为知识是受限的，所以，不论思想如何运作，不论它发明了什么，都是有限的。若想理解真正的宗教情怀是什么，你必须先具备一颗清明的心，若想弄清楚宗教修持是什么，你必须彻底否定由思想发明出来的仪式和象征。因为否定、拒绝了虚假的事物之后，你才能发现真实不虚的东西。你否定了所有的冥想体系，因为你已经认清这些体系都是由思想虚构出来的。人生是如此的虚妄不实，如此的不确定，所以我们渴望拥有深刻的满足感、爱和某个可以永恒不灭的东西。我们总想拥有某种不会变动的东西，而我们以为做了某些事，就会得到这个东西。这些事都是思想发明出来的，而思想本身是矛盾的，因此任何一种由思想虚构出来的冥想方法，都不是真正的冥想。这意味着你必须在心理上彻底否定和拒绝所有人为的发明。这里指的不是技术上的发明，而是人类创造和书写出来的有关实相的描述。因为总想逃避苦难和厌倦感，我们才落入这些陷阱之中。因此，我们必须彻底否定所有的瑜伽体位法、吐纳术以及所有的思维活动。

当上述一切都被否定时，下面的问题就出现了：思想有可能止息吗？思想即是时间，那么，时间能不能停止呢？这里指的不是外在的时间，而是心理上的"变成"活动——达到开悟的境界、非暴力的心境、虚荣的人变成谦卑的人等种种心理上的"变成"活动。时间就是思想，那么，思想能不能止息下来？不是通过修炼、掌控而达成的，否则，那个正在修炼的存在又是谁呢？我们的心中永远存在这种二元对立性：掌控者与被掌控的对象、观者与被观之物、经验者与被经验的对象、思想者与所思所想。也许这是通过观察肉身的界分而导致的结果。你看，外面的世界处处皆是二元对立的。光与影、黑暗与光明、男人与女人等。我们很可能将外在的二元对立引入内心。因此，掌控者与被掌控的对象真的有区别吗？请仔细探索一下这个问题。

在一般正统派的冥想体系里，宗师宣讲的方法之中都有一个掌控者和被掌控的对象。他们让你控制自己的思想，这样你才能止息它，系心于一念。然而，我们要探索的是那个掌控者到底是谁。你也许会说，"那是我们更高的自性"、"那是觉照"、"那是有别于思想的某种东西"，但掌控者就是思想的一部分，这是很明显的事实。因此，掌控者即是被掌控的对象。思想将自己划分成掌控者以及被掌控的对象，但这毕竟还是思想的活动。这真是一个奇特的现象——思想虚构出一些神祇，然后去崇拜它们。这其实是一种自我崇拜活动。

因此，你一旦明白掌控者即是被掌控的对象，那么掌控这件事就不存在了。向一个理解力不够的人去宣讲这样的道理是很危险的事，因此我们并不是在鼓励大家不必自律。我们真正要说的是，你一旦观察到控制者即是被控制的对象，思想者即是所思所想，而又能安于这个真相之上，不再继续进行思维的干预，那么你就拥有了截然不同的能量。

冥想即是汇集所有的能量。这些能量不是由冲突的思想制造出来的，而是冲突彻底止息之后所产生的。"不教"一词或许意味着汇集你所有的能量，以便精进不懈。具有宗教情怀的心是精进不懈的，也充满着关怀、警觉性而又富有观察力。那份观察力之中往往蕴含着热情与慈悲。

专注乃是思想的另一种发明。在学校里，老师总是告诉你要专注在书本上。你学会了专注，并试图排除其他念头，阻止自己不往窗外看。然而在专注之中一定有抗拒的成分，并且将巨大的生命力转化成了一个小小的点。但全观却是一种无选择的觉知，里面汇聚了你所

冥想即是汇集所有的能量。
这些能量不是由冲突的思想制造出来的，
而是冲突彻底止息之后所产生的。

有的能量。你一旦进入这样的觉知状态，自我感就不见了，可是专注之中永远有一个"你"在那里觉察。

下面我们来谈一谈空间这件事。我们生活在现代社会里，居住的公寓是重重相叠的，因此极度缺乏外在空间。外在空间一旦丧失，我们的内心也失去了空间，所以我们头脑中的念头总是喋喋不休。冥想便是去了解或发现那个非思想所能虚构出来的空境——里面没有"我"或"非我"之分。这个空境不是由思想制造出来的假空，也不是一种概念，而是真正的空寂；换言之，那是一种无边无界、没有阻碍的觉知，在那永续的能量活动之中，没有任何障碍。那是一种浩瀚无边的空寂，在那空寂之中没有任何时间性，因为充满着时间感的思维活动早已止息下来，但只要思想一意识到自己止息下来，那个浩瀚无边的空境就消失了。如果我们刻意运用一种方法来进行冥想，那么思想（知识及时间感）就会渴望自己进入那个空境。

从某个层面来看，记忆是有必要的，但从心理层面来看，却是没有必要的。只要你一直了了分明地净化头脑中的记忆，那个在不断达成、进展和冲突的"我"便静止了，因为你已经把你的家整理得井井有条。头脑有自己的节奏，不过那个节奏早已被我们放肆的言行、对药物的滥用、我们的信仰或信念和抽烟饮酒的习惯所扭曲。它已经失去了原有的活力。

冥想乃是对人生的一种彻底的领悟，从中自然能产生正确的行动。冥想就是一颗完全寂静的心。不是由思想投射出或制造出的相对寂静，而是井然有序的寂静和自由。只有在彻底而不会变质的寂静之中，才能出现永恒不灭的实相。

这才是真正的冥想。

时间的超越

既古老又具有超凡能力的人脑，已经通过时间的演化而得到大量的经验及知识。这个受到严重局限、不断在消耗的头脑，有没有可能自动更新？你的头脑能不能卸下重担，不再延续活动，并彻底更新自己？能不能变得完全纯真？"纯真"一词指的是不会受到伤害；也就是说，头脑不但不会去伤害别人，也不会被别人伤害。

你的头脑就是整体人类的头脑，它经过长时间的演化，一直被文化、宗教信仰、经济和社会制约所局限，到目前为止一直没有停歇过，而且它已经在这永不停息的活动中找到了安全感。这就是你会接受传统的理由，因为在传统、模仿和臣服之中，你会得到安全感。在幻想之中也会得到安全感。很显然，你所有的神祇都是由思想制造出来的幻象。信仰是一件不必要的事，但是相信上帝、耶稣、克里希那或任何一个神，会带给你一种被保护的感觉，就像活在上帝的羽翼下一般。不过，这毕竟是一种幻觉。

我们现在要探讨的是,头脑能不能停止它的时间感。这个永不停歇的活动是基于知识之上的,它一向被视为一种进步、进展或进化,而我们现在要向它挑战。头脑如果一直活动下去,就会变得机械化。所有的思想都是机械化的。因为它们都植根于记忆,一种从知识中产生的反应。因此,思想是不可能新颖的。

"我"也是一种永不停歇的东西。这个"我"已经延续了世世代代,它是永不停歇的,而永不停歇的东西一定是机械化的,其中无新意可言。如果你能看到这一点,将是一件了不起的事。

请安静地听我说:不要立刻赞同,静静地听就好了。只要头脑将受创及痛苦的经验存档,它一定会变得机械化。它会造成一种"我"在延续下去的感觉。人脑一旦像电脑一样不断地存档,就一定会变得机械化。数千年来,你一直不断地将各种毁誉经验存档。这便是我们的局限,我们所谓的进步活动。现在要探讨的是,我们有没有可能只储存符合生活所需的知识?为什么心理受创这件事要存留下来?为什么别人对你的侮辱或赞美要留在心里?当你在存档时——应该说当头脑在存档时——存档的动作会阻止你深入观察那个在侮辱你的人。换句话说,你是以不断存档的头脑在观察那个侮辱你或赞美你的人,所以你无法真的"看清楚"对方。存

你的头脑一直被文化、宗教信仰、
经济和社会制约所局限,到目前为止一直没有停歇过,
而且它已经在这永不停息的活动中找到了安全感。
这就是你会接受传统的理由,因为在传统、
模仿和臣服之中,你会得到安全感。

档是一种连续的动作，在连续之中会有一种安全感。头脑对自己说："我已经受过一次伤了，所以我要记住那次伤害，以免未来再受伤。"就身体而言，保护自己是无可厚非的，但是在心理上保护自己是否恰当呢？你会受伤是因为你经年累月地积累了许多自我形象，当这些形象被刺伤时，你就受伤了。只要抱持着某些形象不放，我们就会一直受到伤害。因此，我们有没有可能不抱持任何自我形象，也不在头脑中存档？我们现在所探讨的这些东西，其实是在深入地理解冥想的内涵。

生活的秩序

因此，我们有没有可能不在心理上进行存档，而只储存那些符合生活所需的知识？一旦在生活里建立起秩序，你就自在了。只有一颗失序的心才会去追求解脱。生活如果有了彻底的秩序，那份秩序本身便是解脱。

如果想深入探究这件事，你必须先了解你意识的本质。你的意识包含所有的内容，缺少了这些内容，它就不存在了。因此，内容组合成了意识，而内容无非是我们的传统、焦虑、名望以及地位之类的东西。这一整体意识，包括头脑和心智以及它所有的内容，有没有可能看清楚自己，认清自己是延续不断的，并且在其中发现自己的执着，然后自动静止下来？这意味着你正在打破这个延续不断的意识活动。我们现在探讨的是头脑有没有可能只储存符合生活所需的知识，除此之外没有其他存档动作。请深入理解一下这个问题中所蕴含的美、深度及言外之意。我认为这是有可能的。我会深入地解释，但解释毕竟不是事实。请勿陷入解释之中，不过我们还是需要透过解释来看清事实的。然后,解释就不再具有重要性了。

时间的活动、思维的活动、知识的活动都是从过往一直延续到未来,只在当下稍做修正罢了。这是头脑存档的整个活动,否则我们就无法积累知识了。知识是连续不断的,头脑在其中找到了安全感,因此它必须存档。整个存档的活动已经占据了我们的心。但知识永远是受限的,没有一种知识是全能的,已经在知识里找到安全感的头脑,总是一味地执着于它,并且将眼前发生的每一件事和每一个意外事件都按照过往的知识来加以诠释。正因如此,头脑才会认为过往的一切有那么重要。心智活动的本身就是过往的经历。

其实,你的理智很清楚那个延续不断的活动是了无新意的,其中没有清新的芳香,没有崭新的天堂,也没有创新的大地。于是,理智说话了:"头脑的活动有没有可能不再延续下去,而又不至于带来危险?因为失去了延续性,头脑会迷失方向。"理智又说道:"如果我不再持续地活动,接下来会发生什么事?"头脑需要安全感,接下来该怎么办?头脑一直认为有了安全感它才能运作,它根本不管那份安全感是真实的,还是虚假的。现在你对头脑说:"只储存符合生活所需的知识,其他东西一概不储存。"你的头脑一定会顿然丧失方向。因

当头脑看到真正新鲜的事物时,
它的运作方式就更新了,
一个新的有机体也由此诞生。

为它的运转就是从安全感的需求出发的，所以它一定会说："先给我安全感，我才会照你的话去做。"

安全的状态确实是存在的，但不是你认为的那种。我所说的安全只是将知识和思想放在正确的位置。头脑必须认清自己生活在失序的状态里，然后生活才能出现秩序。它一旦认清"安全"意味着把所有的事都理出秩序来，只储存符合生活所需的知识而其他的事一概不存档，头脑就会告诉自己："我已经对这整个意识活动产生了理解和洞识。"它终于有了洞识。那份洞识是从彻底的秩序之中产生的，换言之，头脑必须把每件事都摆在正确的位置，然后我们才能洞悉意识的整个活动。因此，头脑只储存生活必需的知识，这意味着头脑里的活动开始经历深刻的改变——它的结构变了，因为它首次看见了新颖的事物，开始以崭新的方式运作。也就是说，当头脑看到真正新鲜的事物时，它的运作方式就更新了，一个新的有机体也由此诞生。我们必须让心智或头脑变得年轻、新鲜、纯真及活泼，而只有在心理上不存档时，才能达到这个状态。

这个意识活动之中有没有"爱"？爱是不是一种延续的活动？我们指的是，意识本是代代相续的传统，那么爱是不是这其中的一部分？还是完全不在这个领域之中？我现在是在向你们的思维挑战，并不是在问"是"

或"不是"。假如爱是意识领域内的一种品质,那它不就是思想的一部分吗?意识的内容全是由思想组合成的。信仰、神祇、迷信、传统、恐惧,这些都是思想的一部分。那么,爱是不是思想的一部分?也就是说,爱是不是欲望,是不是性的享乐?是不是思维活动的一部分?是不是一种记忆?

冥想的来龙去脉

如果智力发展到极致，爱是不可能如朝露一般翩然而至的。但是我们的文明一直都崇拜智力，因为它创造出了上帝、理想和教条。爱是不是意识的一部分？当忌妒出现时，爱能不能存在？当你执着于妻子、丈夫或孩子时，爱存不存在？如果你的心一直在回忆美好的性经验，你的心中会有爱吗？请深入地探索一下。因为你的心中没有爱，这个世界才会那么混乱。

如果想巧遇这份爱，整个意识活动必须静止下来：你的忌妒，你的敌意，你的野心，你对地位的渴求，你想变得更好、更高尚、更有权力——譬如想升官，想在生意上、政治上、宗教上掌握大权，或者想掌控你的妻子、丈夫或孩子。只要自我中心的倾向一出现，爱就不见了。而整个存档的过程正是一种自我中心的倾向。痛苦的止息便是慈悲的开始，然而，我们一直将痛苦视为进步的手段。相反，痛苦一旦止息，那个无限的境界就出现了。

我们必须有空间，不只是物质界的空间，还有内心的空间，这意味着心不能被占满。我们的心永远都是满的："我该如何才能停止喋喋不休的妄念？""我必须有空间。""我必须安静。"家庭主妇忙着在厨房里烧菜，忙着照顾小孩，虔诚的信徒忙着追寻上帝；男人为事业、性、工作、野心、地位而忙碌。我们的心完全被占满了，里面一点儿空间都没有了。

我们在生活里建立起的秩序，不该通过修炼和掌控得来，我们已经很理智地认清，只有了解了混乱之后，秩序才会出现。我们必须为生活和关系带来秩序，因为生活便是在关系中的行动，生活就是关系的互动。如果你跟妻子、丈夫和孩子的关系——不论远亲或近邻——都无法和谐，那么你就难以达到冥想的境界。如果生活一团混乱，你却去打坐冥想，你一定会陷入幻觉中。如果你认真生活，心自然会井然有序——不是暂时的秩序，而是绝对的秩序——这份秩序和宇宙秩序是息息相关的。宇宙秩序便是日落月出，傍晚时分天空呈现非凡之美。透过望远镜去观察宇宙天相，这并不是真正的秩序。当你在生活里建立起秩序时，这份秩序就会跟宇宙产生不可思议的联系。

我们的心一旦被占满，秩序就不见了，空间也消失了。心如果充满烦恼，它如何能拥有空间呢？如果想拥有内心的空间,当烦恼产生时,你要立刻消解掉它。这就是冥想所要下的一部分功夫——不把问题日复一日地拖延下去。心不被占据并不意味着人的不负责、游手好闲。相反,只有当你的心不被占满时,你才会留意自己的责任是什么。被占满的心往往充满着困惑,如此一来,责任就变成了一件丑陋的事,变成了一种罪恶感。不要问我心"如何"才不会被填满,因为"如何"暗示着方法、修行体系或教条。其实,只要你真的认清或洞悉到被占满的心是不自由的,没有空间的,而且是具有破坏性的,它自然会安静下来。

接着,我们要谈一谈全心全意地觉察这件事。你现在有没有在全心全意地听?觉察到底是什么意思?如果你真的在全心全意地觉察,你的自我中心感就会消失。如果你很想让自己全心全意地觉察,这个状态就无法持续下去。能持续下去的通常都是不觉察的状态。当你在全心全意地觉察时,你一定在留意地倾听,而那种状态之中并没有一个"我"在那里说:"我在听,我在看,我在学习。"存在的只有一种巨大无边的整合感,也就是纯然地看,纯然地听,纯然地学习。在那种全观的状态之中,没有任何思维活动。这种全观的状态是无法刻意维持的。譬如,念头说它想要弄清楚如何才能达到那种全观的状态,但是渴望自己能全观的思维活动,不

如果你跟妻子、丈夫和孩子的关系——
不论远亲或近邻——都无法和谐,
那么你就难以达到冥想的境界。
如果生活一团混乱,你却去打坐冥想,
你一定会陷入幻觉中。

就是一种不再全观或缺乏觉知的状态吗？意识到自己不在觉察便是一种觉察了。你了解了吗？

心必须拥有宽广的、无边无界的空间，而这只有在喋喋不休的妄念停止了，烦恼在当下被消解掉而不再产生时，它才会出现。自我中心感一旦消失，你的心就空了。只要自我中心感一出现，心便产生了局限。空寂意味着没有中心点，所以它是无边无界的。全观暗示着汇集所有的能量去听，去看，而其中是没有中心点的。然后，心才能井然有序，没有恐惧。这样的心已经止息了痛苦，并且充分理解了欲望的本质，将其归于正确的位置。接下来的问题则是，一颗彻底空寂的心具有何种品质？这里指的不是如何达到寂静，如何拥有一颗安详的心——我们要探讨的是，一颗超越时间、彻底安静下来的心，具有什么样的品质？

两个音符之间会出现静音，两个念头之间会有空当，两个行动之间也会有暂停的时刻，两场战役之间一定会有休战，夫妻之间的争执也会暂时停止。我们所说的那种空寂，当然不是上述的这些状态，因为这些状态都是暂时出现、不久又会消失的空当。我们现在所说的空寂不是由思想刻意制造出来的，只有当你全盘理解了存在的真相之后，它才会出现。在这份理解之中不再有任何问题，也不再需要解答，其中没有挑战，更没有追寻，一切活动都止息了。在那份空寂之中，只有巨大无边的静谧感、美以及不可思议的能量。然后，永恒的圣境就出现了，它既不是文明的产物，也不是思想的产物。

这便是冥想的来龙去脉。

何谓宇宙创生？

从最小的细胞到最复杂的人脑，万物的起源到底是什么？有没有一个开端，有没有一个结尾？何谓宇宙创生？若想探索这个彻底未知、无法预设、不是任何浪漫幻想能领会的境界，我们就必须拥有一个能完全摆脱制约、不受影响、非常敏锐而又活泼的头脑。这件事有可能办到吗？我们真的可能拥有如此活泼、不受制于任何形式的例行公事或机械化活动的头脑吗？我们的头脑真的有可能毫无恐惧、毫无自我中心感、毫无自恋倾向吗？如果答案是否定的，头脑将永远活在自己的阴影中，活在自己的部落意识里，活在受制的环境中，如同一只被绑在木桩上的牲畜一般。

头脑必须有空间。空间指的并不仅仅是从此处到彼处的距离，它其实暗示着没有中心点。如果你的心有一个中心点，那么即使你脱离了这个中心点而跑到外圈去（不论去到多远），它仍然是受限的。因此，空间意味着没有中心点，也没有界限或周边。有没有一种头脑不属于任何东西，也不执着于任何事物？这样的头脑才能真的彻底自由。如果你的心充满烦恼，它不可能走得太远。心如果粗糙、庸俗而自我中心，它怎么可能拥有无限的空间？空间在此意味着——你必须十分谨慎地运用这类称呼——空无。

我们现在是在探讨我们有没有可能活得无惧、无冲突、充满着慈悲。如果想达到这样的境界，我们需要极大的智慧。缺少了智慧，你是不可能拥有慈悲心的。这份智慧并不是思维活动。如果你执着于任何一种意识形态、狭隘的部落意识，或是一种宗教理念，你就不可能拥有慈悲心了，因为上述的一切都是受限的。只有当痛苦止息之后，也就是当自我中心的活动停止之后，慈悲心才会出现。

因此，空间暗示着空无或不存在。头脑里已经没有任何思想的痕迹，所以那个空间里便拥有了无限的能量。因此，头脑必须具有彻底自由和空无的品质。也就是说，你必须什么都不是才行。我们都想做了不起的大人，如精神分析师、心理治疗师、医师等。这些角色都没什么不对，只是我们一旦变成了治疗师、生物学家或科技专家，这些身份就会限制我们的头脑，使它无法朝完整的方向发展。

只有当我们的头脑拥有了自由和空间时，我们才

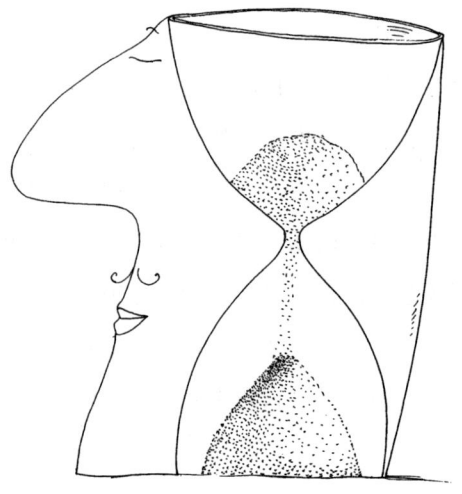

头脑必须具有彻底自由和空无的品质。
也就是说,你必须什么都不是才行。

能探索什么是冥想。只有当我们奠定了生活的秩序之后，才能真的去探索冥想是什么。但只要还有恐惧，秩序就不可能出现。任何一种冲突如果仍然存在，秩序就不可能产生。我们的内心必须井然有序，心才能稳定。从这个稳定的状态里，自然会产生巨大的能量。你的内心如果混乱失序，冥想是没有多大意义的。你发明出来的任何一种日常修炼方法、任何一种悟境或是任何一种幻象，基本上都是受限的，因为它们仍旧是混乱的产物。上述这些都是合乎逻辑的推理，并不是演讲者发明出来企图说服你们的说辞。请允许我采用"无为的秩序"这个短语。除非你的心中产生了无为的秩序，否则冥想终将变得肤浅而无意义。

但什么是秩序？思想无法创造出心理上的秩序，因为思想本身是失序的，它是基于知识之上的，亦即植根于经验的。所有的知识都受到了限制，因此思想也是受限的。当这样的思想企图创造出秩序时，通常只会带来混乱。思想一向是通过"真相"与"应该怎么样"之间的冲突而制造出混乱，也就是实况与理想的对立。但实况（而非理想）才是眼前的真相。思想总是从受限的观点来看待眼前的实况，因此，它的行动就会不可避免地制造混乱。我们能不能看到这个真相、这则律法，还是我们只把它当成一种概念？假设我很贪婪、善妒，这是我的实况；而相反的心境并不是我的实况。但是，人类的思想一直在制造相反的心境，借以理解眼前的"真相"，同时也借着它来逃避"真相"。然而，只有眼前的"真相"才是实况，如果你能觉察到这个"真相"而不跳到相反的状态，这份觉察本身就能带来秩序。

从慈悲中产生智慧

我们必须让头脑完全安静下来。它有自己的节奏，总是喋喋不休地从一个主题转换到另一个主题，从一个念头转换到另一个念头，从某种联想转换到另一种联想，从某种心态转换到另一种心态。它一直被占得满满的。我们对自己头脑里的活动往往缺乏觉察，不过你一旦毫无选择地觉察到其中的活动，凭着那份觉知和留意，你就能将喋喋不休的妄念止息下来。试试看，你会发现这其实是一件轻而易举的事。

头脑必须得到自由、空间以及心理上的宁静。譬如，我们现在正在交流，并借助共通的语言来表达意见。但无言的交流就不需要语言了。那时头脑会彻底安静下来，虽然它仍有自己的节奏。

那么，宇宙创生又是什么，什么是万物的开端？我们要探索的是一切生命的缘起，而不只是我们自己的生命，譬如深海里的鲸鱼、海豚、小鱼，最小的细胞、大自然、美丽的老虎等。从最小的细胞到最复杂的人类——包括他所有的发明、幻觉，他的迷信、争执、战争，他的傲慢与粗俗，他深切的渴望和沉重的忧郁——这一切事物的缘起是什么？

冥想便是要揭露这一切事物的缘起，但这并不意味着"你"能追求到它。就在这份空寂、宁静和彻底的祥和之中，有没有一个万物的开端？如果有开端，一定会有结尾。有因，必有果。因果本是宇宙定律、自然法则。因此，有没有一种东西在那里创造出人类以及万物？这一切有没有开端？我们如何才能弄清楚这件事？

什么是创造力。这里指的可不是那些画家、诗人或用大理石雕刻出东西的人的创造力；那些艺术品都只是物质的展现罢了。我要探索的是那种没有展现出来的东西。正因为它是一种未显现出来的东西，它有没有可能是无始无终的？凡是能显现出来的东西都是有始有终的。我们人类就是一种示现，但这并不是什么神圣而不可预测的东西。我们是经过千万年的演化、成长及发展的产物，终有一天，我们的生命会终结。凡是能示现出来的东西一定会毁灭，但是未示现出来的东西，就不受时间的限制了。

我们现在所说的是，到底有没有一种东西是超越时间的？哲人、科学家和宗教人士一直都在探索这个超越时间及人类思想之外的东西。因为，如果人们能够发现它、见到它，他们就会理解"不朽"是什么。它是超越死亡的。人类一直在通过各种不同的方法、不同形式的信仰，企图追寻到它，因为一旦发现它、亲证它，生命就无始无终了。那是一种超越所有概念、超越一切希望的无限状态。它是浩瀚无边的。

现在，让我们再回到现实生活里。我们从不去看看我们自己的生命有多么深邃，多么浩瀚。我们把自己的生命视为一种如此低劣的赝品。其实生命是一种最神圣的实存。杀人、愤怒、对某人施暴是最违背宗教精神的恐怖行为。

我们从来都无法完整地看待世界，因为我们是如此的四分五裂、受限和琐碎。我们从来不觉得自己和万物是一体的，不觉得海洋、大地、自然、天空、宇宙是我们的一部分。这可不是一种想象——你可以把自己想象成整个宇宙，不过那势必会令你精神错乱。所以，我所指的是突破自我中心的制约倾向，从中出现一个无限的境界。

这才是冥想的真谛，而不是去盘腿打坐，或是练倒立等。冥想指的是一种跟万物合为一体的觉知。只有当心中产生了爱和慈悲时，这个境界才会出现。

我们的困难之二在于，我们总是把爱跟欲乐、性连在一起，有的人甚至认为爱就是忌妒、焦虑、占有和执

只要心中有了爱,慈悲心自然会产生。
有了慈悲心,智慧也会跟着产生——
但不是那种自恋式的聪明或是思想的智能,
也不是从众多知识中产生的聪明才智。

着。这些便是我们所谓的爱。但爱是一种执着吗？爱是享乐吗？爱是一种欲求吗？爱是不是恨的反面？如果爱是恨的反面，那就不是爱了。所有的反面之中都有相反的另一面。如果我试着去"变得"勇敢，那份勇气正是从恐惧中产生的。但爱是不可能拥有反面的。当忌妒、野心和侵略性产生时，爱就不存在了。

只要心中有了爱，慈悲心自然会产生。有了慈悲心，智慧也会跟着产生——但不是那种自恋式的聪明或是思想的智能，也不是从众多知识中产生的聪明才智。智慧跟知识是毫无关系的。

只有从慈悲之中产生的智慧，才能为人类带来安全、稳定和无比强大的毅力。

第二部分

光明自性的照彻

真理就在你的当下。
它不在遥远的异国里,它就在你的眼前。
真理就在你的所作所为之中。

不通过意志力而行动

冥想不是由"你"创造出来的一种东西,它是一种探索人生全貌的活动:我们是如何生活、如何行动的;心里有没有恐惧、焦虑或痛苦;我们是否在不停地追求娱乐;我们是不是在为自己和他人建立刻板印象等。这些都是我们人生的一部分,理解了人生以及人生中的各种议题,而又有能力解脱出来,才是我们所谓的冥想。

我们必须在内心中建立起完整的秩序。我们的内心即是我们的命脉。如果想建立起这份秩序,我们就不能依循某种固定的修炼模式,而是要彻底理解混乱是什么,困惑是什么,为什么我们的内心会有冲突,它为什么会一直不停地产生二元对立等问题。把一切事物摆在正确的位置,便是冥想的起点。如果我们还没做到这一点——不是在理论上,而是在生活里的每一刻真的做到这一点——冥想就会变成另一种形式的幻觉、祈祷和欲求。

论及冥想的活动,我们势必要先理解"感官"的重要性。大多数人都是依感官的冲动、需求和坚持而做出反应或采取行动。这些感官从未完整地运作过——作为一个整体来运作。如果你观察一下自己和自己的感官活动，你会发现，总有一个感官在掌控一切，控制我们大多数人的日常生活。因此，我们的感官运作永远是失衡的。

我们现在所进行的观察就是冥想的一部分。感官到底有没有可能作为整体来运作？你能不能用自己所有的感官来观赏大海、灿烂的水波、不停波动的水面？或是去观察一棵树、一个人、一只正在翱翔的飞鸟、一片平静无波的河水、落日、缓缓上升的明月？能不能以所有的感官清醒地去觉知这一切？如果你能做到的话，你就会发现——为了你自己而发现，而不是被我说服才去做的——那样的感官运作是没有自我感的。我们交流的时刻里，你有没有在这么做？

看一看你身边的朋友、你的丈夫、你的妻子，或是眼前的那棵树，以高度活跃的感官来做这件事，你会发现，在那种状态之中是没有局限感的。大多数人只能以某部分感官来觉知，我们从未发动所有的感官，让它们都能充分发展。把感官放在正确的位置，并不意味着要压抑它们、控制它们或逃避它们。这是非常重要的。因为，若想深入于冥想的活动，除非我们能觉察到自己的感官活动，否则它们一定会制造出各种形式的神经官能症和幻觉；它们会完全掌控我们的情绪。当感官被充分发动时，身体自然会变得非常安详。你有没有注意过这一点？我们大多数人在冥想时都会强迫自己的身体要安静地坐着，纹丝不动，可是感官如果能健全地、正常地、活泼地运作，身体自然会放松下来，而且会变得非常安详。当我们在交流时，你不妨试试看。日常生活——每一天，不是偶尔——有没有可能不带任何形式的掌控性？这并不意味着我行我素，抗拒传统。请认真思考一下，我们能否在生活之中不带有任何掌控性？因为如果有掌控性，就一定会用到意志力。什么是意志力？"我要做这件事，我一定不能做那件事"，这样的意志力在本质上不就是欲望吗？请仔细地思索一下，不要抗拒，也不要立刻接受，只要探索就可以了。我现在要探讨的是，如果有可能在生活中摆脱掌控性的阴影，意志力的阴影就会消失。意志力便是欲望的活动。从觉知、感官的接触以及感觉之中会产生欲望和各种意象。

因此，我们有没有可能在生活中不运用任何意志力？我们大多数人都活在制约、掌控、压抑和逃避之中，可是如果你说："我必须控制自己，控制自己的愤怒、忌妒、懒散和怠惰。"那么请问，那个掌控者到底是谁？那个掌控者和被掌控的对象有何不同？还是它们根本是同一种东西？掌控者即是被掌控的对象。掌控者只是一堆欲望罢了,而它竟然还企图控制自己的行为、思想和期望。理解了这一点之后,你能不能活出一种不带有掌控性的生活,而又不至于为所欲为、杂乱无章。很少有人会深入思考这个问题。我一向拒绝任何形式的修炼体系、任何形式的掌控方法,因为只要一那么去做,心智就永远无法解脱了;它会不断地臣服于一种模式,不论这个模式是由自己还是由他人建立的。

接下来要问的则是,时间感能不能止息?请注意这个问题的重要性。我们的头脑是受制于时间的,它是千万年来受传统制约的产物。头脑虽然已经进化、成长及发展,但它毕竟是古老的。它一直随时间不断地进化,一直在时间中运作。你一旦告诉自己"我将会如何……",头脑就进入时间性之中了。假设你说"我必须去做某件事",这其中也有一种时间性。我们所做的每一件事都涉及时间,同时我们也受制于内心的时间感。经过千万年进化而成的头脑只要一想到它能否止息时间这个问题,就变得动弹不得了。这对它而言是个不得了的震撼。

冥想的一部分工作就是去发现时间感能不能停止。你不能只是一味地告诉自己"时间必须停止",这么做是没有意义的。我的意思是,头脑有没有可能认清自己是没有未来的。我们不是活在绝望中,便是活在希望里。时间在某种程度上正是具有毁灭性的希望:"我很不快乐,很不幸,一切都是不确定的;我真希望自己能快乐……"世界上的神职人员发明出来的信仰,其中都有一种时间性:"你正在受苦,但只要信奉上帝,一切都会没问题的。"因此信仰之中也涉及时间性。然而,你能不能在心理上承受没有明天这件事?在心理上弄清楚明天是不存在的,乃是冥想的一部分。对某件事抱持希望以及希望所带来的愉悦感,都涉及时间性。但这并不意味着你该摒弃希望,而意味着你要去理解时间的活动。如果你完全摒弃了希望,你会变得苦涩,而且你一定会对自己说:"那我为什么还活着,生活还有意义吗?"接着,所有的忧郁、痛苦、无望就会开始产生。

现在,我们要讨论的是,思想或时间感能不能止息。思想在生活中有一定的重要性,但是在心理上却没有任何重要性,因为思想就是从记忆中产生的反应,是从记忆中诞生的。而记忆则是累积在头脑里的经验或知识。你不妨观察一下自己的头脑活动,做这件事并不需要什么专业训练。头脑储存了记忆,那是一种物化的活动,里面没有任何神圣性。而且思想塑造出了我们的一切行为举止,以及各种错综复杂的科技和机器的发明。这一切行为都是由思想促成的。思想也必须为所有战争负责。这是显而易见的,没有质疑的必要。你的思

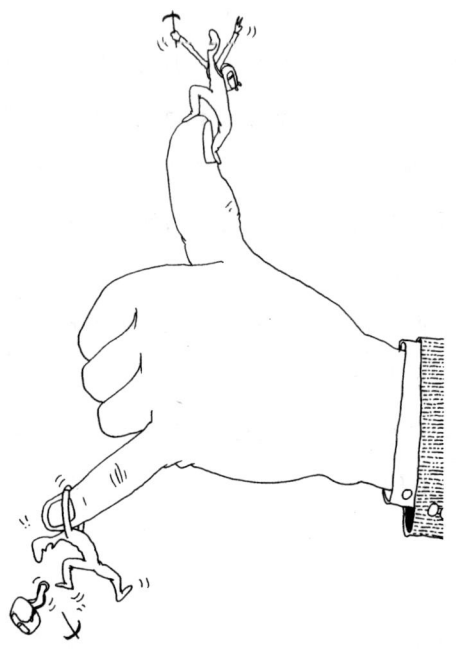

如果你深观意识的活动，一定会看到
里面所有的挣扎、不幸、不确定感和阵痛。
这些都是你意识的一部分，也是你生命的一部分。

想将这个世界划分成英国、法国、俄国等。此外，思想还制造出了一个心理上的"自我"结构。那个"我"可不是什么神圣的东西。它只不过是一堆焦虑、恐惧、欲乐、痛苦、执着以及对死亡的畏惧。它们组合成了一个"我"，也就是整个意识的活动。意识便是它所有的内容；你的意识就是你，亦即你的焦虑、恐惧、挣扎、情绪、绝望和快乐等，而这些都是时间的产物。昨日我在心理上受到了伤害，你对我说了一些残忍的话，我觉得自己受到了伤害，而这种伤害又变成了我的意识的一部分。因此，意识即是时间的产物。如果你问我时间感能不能止息，这句话其实暗示着意识的内容必须完全释放掉。做得到或做不到是另一回事，但这句话中确实蕴含了上述的意思。

我们现在是在探索时间以及意识牢不可破的外壳——感觉、欲望、整个意识的结构——看一看这个由时间组成的意识能不能让自己彻底清空，也止息掉心理上的时间感。你能觉察到你的意识活动，不是吗？你对自己的真相心知肚明，假如你看得够深的话。如果你深观意识的活动，一定会看到里面所有的挣扎、不幸、不确定感和阵痛。这些都是你意识的一部分，也是你生命的一部分。你的野心、怨气全是千万年累积下来的意识活动的一部分。因此我们现在要探讨的是，"意识"这个时间的产物——心理上和外在物质世界的时间——能不能清空它自己,让时间止息下来。

我们将一步步地去发现有没有这个可能性。如果你说这是一件不可能的事,那么你的心门已经关上了;如果你说这是可能的,你的门也关上了。但如果你说:"让我们一起来弄清楚。"那么你对这个议题就有了开放性,你会很热切地想把它弄清楚。

假设你对这个议题很认真,我们就可以探讨一下,通过时间累积下来的意识——我们意识里的所有内容——有没有可能完全释放掉。换言之,你意识里的一部分内容有没有可能止息下来——你的创伤,你心理上的伤痛?我们大多数人从小到大早已累积了许多心理上的创伤,这已经是你意识内容的一部分了。那么,你能不能彻底抹掉这些伤痛,而不留下任何痕迹?你可以做得到,不是吗?如果你能觉察到这些伤痛,就会知道起因是什么:你所抱持的刻板印象受到了刺伤。如果你真的深入其中,就能消除这个被刺伤的自我形象。或者目前你正执着于某人,也许是你的妻子、你的丈夫、你的国家、你的宗派、你所属的团体、你的信仰,或是耶稣基督。你能不能很理智地将上述所有的意识活动全都止息下来?因为执着之中蕴含着忌妒、焦虑、恐惧及痛苦;只要心里怀着痛苦,你就会越来越执着。认清执着的本质，便是智慧的绽放。这种智慧一旦看见执着的本质有多么愚蠢，执着便会自然止息。

深入地思考一下。譬如，你有某种特殊的心理习惯，它永远都朝着某个方向思考，而这已经是你意识活动的一部分了。可是思想能不能脱离原来的轨道？当然可以。释放掉意识的整个内容是绝对有可能的。可是如果你一点一滴地去除自己的执着、创伤、焦虑等，它们可能永远也无法完全消解掉。而且这么一来，我们又陷入了时间之中。那么，我们能不能立刻释放掉意识里所有的内容？假设你确实认清了它的真相，你自然不会一点一滴地把它消解掉。

意识不属于我所有，它不是我个人的，而是整体宇宙的。我的意识、你的意识或另一个人的意识都是相同的：我们都有痛苦，都会经历内心的伤痛等。也许人类之中有少数人已臻于完善而脱离了共业之流（"共业之流"指的是人类集体意识的业习之流），但这并不是我们要讨论的主题。

我们要探讨的是，我们能不能观察到意识的整体活动，而且能在这份洞见中观察到意识活动的止息？我们能不能完整地观察到自己的创伤、焦虑或是罪恶感？能不能探究这份罪恶感如何产生，原因是什么，我进一步的担忧反应又是如何产生的？很显然，我可以看得到，不过首先我得觉察到自己的创伤才行。只有当我的觉察之中没有任何动机或目的时，我才能发现它。

让我再详细解说一下。假设我执着于某事或某人，我能不能观察执着所造成的结果，执着涉及什么，它是如何产生的？我能不能在当下立刻看到执着的本质？我会执着是因为我感到孤单。我需要慰藉，想依赖某个人；我无法独立自主，想要一个伙伴；我需要某人告诉我说："你做得真好，孩子！"我渴望有人能握住我的手，因为我既忧郁又焦虑。因此，我希望依赖某个人，从那份依赖之中便产生了执着，从那份执着之中又产生了恐惧、忌妒和焦虑。我能不能在瞬间看清这些心态的本质？如果我留意而且深感好奇的话，我一定能看得到。

与其一点一滴地去发现，我们能不能一眼就看透意识的本质、结构以及其中的活动？如果你能一眼看透它的全貌，它就被瓦解了。洞悉意识的整体本质，意味着你不能带有任何动机或记忆，而只是立即觉知到它的本质。凭着那份洞识，你就能消解掉眼前的烦恼。

我们整个科技上的发展都是基于度量之上的，如果没有度量的活动，科技就无法发展了。知识便是度量的活动——我知道，或将会知道。这些都是度量，而这种度量的活动已经深入内心了。如果你观察一下自己，很容易就会看到它的运作方式。在心理上，我们永远都在较量。你如何能停止较量，也就是时间感的止息？"较量"意味着拿我自己和别人做比较，看看自己到底想跟他一样，还是不想跟他一样。正面与负面的比较之心，都是一种较量活动。

我们能不能生活在完全不与人较量的状态里？选布料的时候，你确实需要比较一下花色。但是在心理上，你能不能彻底摆脱比较之心，即完全不再较量了？较量就是一种思维活动。那么，思维能不能止息下来？你知道，大多数人都想让妄念止息下来，而这确实是可以办到的事。你也许会说"我的妄念已经止息下来了"。不过，这仍然是在强制之下达到的止息，这就等于在说"我发现自己的念头已经停了一秒钟"。所有深入探索过这个问题的人，都会质疑念头是否能止息下来。思想是从已知中诞生的，它是属于过往的。这样的思维活动有可能止息下来吗？我们有可能从已知中解脱吗？我们永远都在已知中运作，而且早已是模仿和较量的高手了。我们一直想成为重要人物。因此，这样的思维活动有可能止息下来吗？

我们已经探讨过较量、掌控以及感官的重要性。这一切都是冥想必须要下的功夫。

演化了千万年的老旧头脑早已受到了沉重的制约，它累积了多少世纪以来的记忆,永远都在机械化地运作着,这样一个头脑能不能从已知中解脱,同时又不会退化呢?你难道没有问过自己,头脑有没有可能卸下重担,得到解脱,而且不再退化?这意味着你在心理上不再存档,不存留褒贬、屈辱、压力或威胁,而能够维持原来的空白带。如果能做得到,它就可以永葆青春。纯真意味着头脑从未受过伤,不知道什么叫不幸、冲突、痛苦或哀伤。如果这一切都被存留下来,头脑就是受制的,并且会随着年龄而老化。但如果不记录任何一种心理上的经验,它自然会变得非常安详、清新。这跟希望或奖赏无关。你要么去实际做做看,发现个中真相;要么只是在嘴上说:"这是多么棒的一件事,我真想经常看看。"总之,头脑确实会因为洞见而产生变化。它不再保留记忆,也不再是一个塞满文物的古董店。

接下来,我们必须问一个问题:生命之中有没有神圣的东西?有没有一个思想无法染指的圣境?我们一向以为教会里的圣母像或十字架上的基督便是神圣的象征。在印度以及其他的佛教国度里,人们也有自己的宗教偶像、雕像或各种象征。但是生命之中到底有没有神圣的东西?"神圣"意味着没有死亡,没有时间性,既无开始也无结束。这个东西是你无法凭空想象的——只有当你把思想虚构出来的神圣之事全都舍弃时,它才会降临。你一旦彻底认清并舍弃了教会、寺庙营造出的圣乐、信仰、仪式、教条和圣像，从无量的空寂之中就可能出现一个不被思想染指的圣境，因为只有无边的空寂不是思想的产物。

因此，你必须深入于空寂的整个本质。两个噪音之间会出现空当，两个念头之间会出现无念的状态，两个音符之间会出现静音，噪音停止之后会有一阵寂静。当念头说"我必须安静"时，它也会制造出人为的空寂，并让人误以为那就是真正的空寂了。如果你以静坐来强迫自己的心安静下来，空寂也会暂时出现。这些都是人为的空寂，并不是真实、深刻、非刻意培养、非预设的空寂。只有当心理上所有的记录都被消除时，真正的空寂才会出现。然后，心或脑就如如不动了。在这非刻意培养、不是通过锻炼而形成的空寂之中，那个无法度量又不可名状的东西也许会翩然而至。

已知与未知的和谐

心如何才能知道它已经发现了那个终极的、无法度量的、不可名状的至高境界？正因为它无法"知道"那个无限、不可知而又无法经验的境界，它能做的只有彻底解脱所有的痛苦、焦虑、恐惧和永远在制造幻觉的欲望。"我"以及它所有的意象，就是为一切关系制造冲突和界分的中心点。如果心无法为关系带来和谐而只是一味地追求开悟，那么修行就变得毫无意义了。因为生活即是关系的互动，人际关系如果不够深刻，彼此无法充分了解、相互扶持，你的修行也不可能有多大进展。缺少了这个基础而只是一味地追求开悟，修行便成了一种逃避关系的方式。心如果不通过正当的行为而得到深刻的确立，亦即发展出美德及秩序，那么追求实相便是毫无意义的事，因为一颗尚未摆脱冲突的心只会逃避到它"误以为"真实的幻象之中。

这样一颗受环境和文化制约的心，如何才能发现那个不受制约的东西？一颗永远都处在冲突之中的心，如何才能发现那个从未有过冲突的东西？只是一味地追求开悟是没有意义的。真正的意义就在于心能不能摆脱恐惧，摆脱它所有以自我为中心的挣扎，摆脱所有的暴力等。心智——你的心——能不能解脱这一切？这才是真正需要探索的问题。只有心获得解脱，它才能毫无幻觉地去探索世间是否存在一个绝对真实、超越时间而又无法度量的东西。

为自己去弄清楚这件事，你知道有多重要吗？因为你只能靠自己的光照亮自己，不能依赖别人的启蒙。你必须为自己去发现生命中的美、丑、享乐、不幸和困惑，然后从这条共业之流中解脱出来。如果你已经在做这件事——我很希望你已经在这么做了——那么接下来我们要探索的就是，宗教修持到底是什么。所有的组织化宗教都是由思想建构出来的，譬如围绕某个人或某种理念及结论而发展出一些传闻逸事，但这并不是宗教修持。宗教修持指的是毫不分裂而完整地活着。

大多数人的心都是四分五裂的，而一颗四分五裂的心往往是腐败的。那么，一颗既能运用知识又能从知识中解脱出来的心是什么样的呢？显然上述两种状态已经和谐相融了。深入探索之下，你可能会质问自己：冥想到底是什么？让我们为自己去探究冥想是否具有意义。要做到这一点，我们必须彻底舍弃别人对冥想曾经

如果心无法为关系带来和谐而只是一味地追求开悟,那么修行就变得毫无意义了。

做过的论断。你能办得到，还是你已经受制于别人对冥想所做的论断了？如果你已经深陷其中，那么你就是在通过冥想自娱，或是企图通过一些修炼来发现别人的洞见。当你在修炼时，你只是在驱使自己的心臣服于别人所设置的一套模式。所以，不要追随任何人——包括自己在内。不要轻易接纳任何人的言论，因为你必须点亮自己心中的光，必须完全独立自主，因为你就是世界，世界便是你。只有解脱了世间的造作，亦即解脱了"我"所有的侵略性、虚荣、愚昧和野心之后，你才能真的觉醒。

然而，冥想到底是什么？如何才能弄清楚它是怎么回事？显然，要想看清某种东西，你的心必须保持安静。如果我想听清楚一个人的话语，我必须全心全意地听，那种留意的状态便具备一种空寂的品质。要想领会话中的意思，甚至领悟其中的弦外之音，我势必得非常仔细地聆听。在听的时候，我既不立刻诠释你所说的话，也不批判或评估，只是如实地听着那些话语以及弦外之音，并对"言语的描述并非被描述的对象"心知肚明。因此，我是全心全意地在听你说话。在那种全心全意倾听的状态里，并没有一个"我"存在，"我"和你这个演讲者之间是没有界分的。所以，要想彻底聆听并超越言语的局限，你就必须全神贯注。当你在看一棵树、听音乐或是在听某个人跟你讲述一件急事时，你自然会全神贯注。那种完全无"我"的全观状态，正是一种冥想的境界。因为在那种境界里，没有方向感，也没有思想建构出来的疆界感。

全心全意地觉知意味着没有任何欲求，没有想达到什么、想变成什么的欲望。反之，冲突一定会产生。因此，全心全意地觉知是一种没有任何冲突、没有特定方向和意志力的心境。如果我注意听你说话，静静聆听着鸟语，或是观赏着眼前的崇山峻岭，这种心境便出现了。处在这种全观的状态里，观者与被观之物的界分感就不见了。只要界分感一出现，冲突一定会产生。

然而，这只是冥想的起点罢了。如果你真的有心探索下去，这个起点还是很重要的，因为只有处在这种状态中，我们那早已丧失了意义的生活才能重新变得意味无穷。生活会因此而达成已知与未知之间的和谐。

冥想是一种不带有掌控性的生活方式。我们有一大半的生命力都浪费在掌控之中了。我们总是告诉自己"我必须如何"或"我不能如何"；"我应该如何"或"我不该如何"。不论是压抑、扩张、保留、退缩，还是执着、摆脱执着、通过意志力来达成某件事、挣扎、建构，其中永远包含着特定的方向。但只要有特定的方向，就一定存在掌控性。我们终日都在掌控，所以根本不知道什么是完全不掌控的生活方式。若想过着完全没有掌控性的生活，你必须认真而深入地探索。

我们为什么要掌控？当我们在掌控时，那个掌控者到底是谁？他所掌控的对象又是什么？掌控也意味着臣服、模仿和压抑。如果你观察心里一些相互冲突的欲望：想要又不敢要，想做这个、不想做那个，这些都是二元对立的形式。然而，二元性真的存在吗？我指的并不是男女、明暗之类的二元性，而是心理上真的存在二元性吗，还是只有"真相"罢了？只有当不知该如何面对心中的"真相"时，相反的心态才会产生。假设我知道该如何面对心中的"真相"，假设心知道该如何处置"真相"，并且有办法超越它，那么反面的心态就没有必要存在了。换句话说，如果你像大多数人一样暴力，那么非暴力的修炼就是毫无意义的事，因为两者之间存在着一段隔阂。在这段隔阂之中，你仍然是充满暴力的。能超越暴力才是有意义的事，所以不要跳到反面，而是要解除掉它。"我"永远都在用旧的经验诠释新的事物，因此"我"从来都无法以焕然一新的心态面对崭新的事物。"我"总是通过概念、结论、言语和过去的理由来看待新的反应或新的感觉，所以"我"的心永远是暴力的。因此，过去的一切创造出了与"真相"相反的东西。心如果能不为那个"真相"定名、归类、设限或浪费能量来逃避它，如果能不用过往的经验来看待它，亦即没有一个观者存在，那么你就会彻底脱离这个真相。试试看就知道了。

你有没有发现内心总存在着观者与被观之物的对立性？里面总有一个"你"在看着你所观察的东西，所以你和那个被你观察的东西之间必然存在着一条界线。譬如，你看见眼前有一棵树，于是那个属于过去的观者便说道："这是一棵橡树。"当他这么说时，那项知识显然来自于过去，而过去的一切就是那个观者。因此，观者和眼前的树是有差别的。很显然，事实就是如此。但是，当我们在观察心理上的真相时，观者与被观之物真的存在差别吗？假如我说"我很暴力"，那个在说"我很暴力"的观者，和它所谓的暴力是两回事吗？显然不是。因此，当观者与被观的真相分开时，二元对立和冲突就产生了。然后，它又通过各种手段来逃避心中的冲突，所以观者根本没有能力面对内心的暴力。你不断地想理解观者与被观的界分活动以及其中的冲突，所以你无法直接面对那个真相。

但是，处在冥想之中的生命本是一个完整而毫不分裂的活动，它不会分裂成"我"跟"你"。其中并没有一个"我"在体验着什么。你是否能认清，心是无法体验到未知的？心无法经验到它不能度量的东西。你也许会说,"我将体悟到那个无法度量的境界",譬如"更高的意识"之类的东西,但那个所谓的经验者到底是谁?那个经验者即是过往的一切,他只能依据过往的一切认出眼前的经验,因此,他势必已经对眼前的经验有所认识了。但冥想中是不存在老旧经验的。如果能做到这一点,你就会看清真相。

冥想的一部分工作就是要理解日常生活的整体活动,而不带有会制造冲突并设定特定方向的掌控性,同时又拥有充沛的活力、能量、真诚及创造力。空寂之中存在着巨大的空间——但头脑里的活动是没有空间的。它总是塞满了知识,而且始终只对自己感兴趣——该做什么、不该做什么、该达成什么、该得到什么、别人会对自己有什么看法等。它充斥着对别人的认识以及各种结论、概念和意见。因此,我们心中的空间是非常狭小的,而暴力的起因之一便是缺少空间,所以我们必须将它拓宽。冥想的工作之一就是发现这个不是由思想制造出来的空间,因为一旦有了空间,心自然能完整地运作。一个井然有序的头脑——绝对而非相对的秩序——是没有冲突的,所以它才有转圜的余地。

空寂是一种最极致的秩序,它绝不是通过千方百计地刻意培养觉知而达成的。只要你一觉察自己的心空了,它其实已经脱离了空寂。空寂是最高的数学秩序，在这份空寂之中，头脑里尚未被填满的不活跃部分，将会变得活跃起来。一颗没有任何冲突的心，里面的空间是无比巨大的，但这种空间并不是由思想制造出来的，它是没有任何边界的空寂。当我们在描述它的时候，我们必须通过思想来交流，但描述并非被描述的东西。因此，心和脑一旦彻底安静下来，秩序便出现了。有秩序的地方，就会有巨大的空间。

可是，没有人能告诉你这个空间里埋藏了什么，因为那是无法用言语描述的。任何人不论是谁——只要一描述它，或是企图通过重复诵念的咒语以及其他把戏来达成它，就是在玷污这个圣境。

这便是冥想的整个过程。它是我们日常生活的一部分；它不是一件你偶尔为之的事，而是一件一直都存在、又能为生活里的每样东西带来秩序的事。美就在其中。不是山林里、博物馆里或音乐之中的美，而是美的本身，也就是真正的爱。

神圣的人生

只要自我的活动一出现，冥想就不可能进行了，了解到这一点是很重要的，不只是从字面上去理解，而是真的领悟个中的深意。冥想就是把心中所有的"自我"活动释放掉。如果你根本不了解自我的活动是什么，那么你的冥想只可能导致幻觉、自欺和进一步的扭曲。因此，若想了解冥想是什么，你必须充分理解自我的活动是什么。

自我虽然拥有无数智性与感性的经验，却对这些经验感到乏味及厌烦，因为它们的意义都不大。渴望获得更宽广的超验经验仍然是"自我"活动的一部分。当你拥有这类超验经验或灵视经验时，你一定会认出它们。但只要是能够被你认出来的东西，就不可能是崭新的；它们只是由你所受的制约和所处的历史背景投射出来的东西，而你的心还以为自己有了新的发现。不要立刻赞同我的话，而是要看到其中的真相，然后才能变成你自己的洞见。

心或自我的欲求之一就是将"真相"改变成"应该怎么样"。它不知道该如何处置"真相",因为它无法消解掉它,所以只好投射出一个"应该怎么样"的概念,也就是一份理想。这种投射即是"真相"的对立之物,如此一来便产生了"真相"与"应该怎么样"之间的冲突。这种冲突即是自我赖以维生的血和气。

意志力是自我的另一种活动——想要改变真相的意志。意志力是我们从小到大所受过的教育的内涵,它也是一种抗拒形式。意志力对我们而言早已是最重要的事了,包括经济、社会及宗教活动在内。意志力就是一种野心的形式,从意志力之中又会产生掌控的欲望——利用某种念头来掌控另一种念头。譬如"我必须控制住我的欲望",这句话里的"我"乃是由思想组合成的,它是带着记忆和经验的"我"所说出的一句话。这个念头想要掌控、塑造、否认另一个念头。

自我的活动之一就是把自己视为"我"这个观者。观者是过往累积下来的所有知识、经验和记忆。因此,"我"把自己这个观者和"你"这个被观察的对象一分为二。"我们"和"他们"也是对立的。我们是德国人、天主教徒、印度教徒等。只要这些自我的活动还存在着,冥想就会变成一种自我催眠的方式,一种针对日常生活以及各种烦恼和不幸的逃避手段。在这里,自我指的是观者、掌控者和意志力，而自我的活动便是它的欲求及需求。只要这些活动仍然存在，自欺一定会产生。因此，我们必须认清，若想探索冥想的活动，想知道冥想时会发生什么事，你就必须理解自我所有的活动。

冥想就是释放掉心中所有的自我活动。然而，你无法通过任何修炼方法或要别人告诉自己该怎么做来释放掉心中的自我活动。因此，如果你真的对这件事有兴趣，你就必须为自己去发现自我活动有哪些——所有的习惯、口里说出的话、姿态、自欺的活动，被你当成珍宝一般紧抓不放的罪恶感，以及各种惩罚自己的方式——这些都是自我的活动。而这一切都需要被觉察到。

然而，到底什么是觉察呢？觉察是一种没有任何选择的观察方式，只是观察而没有任何诠释、转译或扭曲。只要有一个观者在那里"费力"地觉察，真正的觉察就不见了。那么，你能不能觉察、留意——只有纯然的观察而没有一个观者的实存感？

现在请仔细听我说。你早先听我说过一句话：觉察是一种没有选择的、没有一个观者存在的心智状态。你听到了这句话，于是你想立刻付诸实践。你说："我到底该怎么办？我该如何觉察才能摆脱这个观者？"你想立刻达到那种境界——这意味着你还没领会那句话的真实含义。你对如何达到那种境界的兴趣远甚于那句话真实

我们确实能够在尘世间过着与宗教修持
一样的冥想日子。可以活得警醒，
随时随地都保持觉察，
全神贯注地看着自我所有的活动。

的含义。那就像你对眼前的一朵美丽的花儿看一眼、闻一闻，欣赏一下它美艳的色彩，然后就把它摘下来，一瓣一瓣地撕碎了。真正的觉察之中并没有一种观者实存的感觉，假如有这份实存感，你的心一定会有选择、有冲突。你听到这句话之后，心中可能立即产生这样的反应"我要如何才能达到那种境界？"因此，你对达到那种境界的兴趣远远超过领会那句话真实的含义。但假如你能彻底地聆听，你就是在感受它的馨香或个中的真理。然后，那份馨香或真理就会产生自己的行动，而不是那个"我"在企图采取正确的行动。你理解了吗？

因此，若想发现冥想的美及深度，你必须先探索自我或时间的活动。请仔细地听，只要听就够了，什么都不用做。请弄清楚孰假孰真。静静地观察，用心去倾听，而不是用头脑去想。

时间就是活动，包括物质世界和心理上的时间。从此处移往彼处需要一些时间。心理上的时间感则意味着将"真相"改变成"应该怎么样"。因此，思想或时间永远不可能静止，因为思想，就是一种活动，而这种活动正是自我的一部分。我们现在指的思想即是时间的活动。因为思想是从知识、经验或记忆中产生的活动，所以是一种时间的活动。思想永远不可能是静止的，也永远不可能是崭新的，更不可能带来自由。

你一旦觉察到自我的所有活动——野心、追求在关系之中的满足等——从中就会生出一颗完全寂静的心。但不是刻意止念——你能明白两者的不同之处吗？大多数人都在企图控制他们的思想，希望能以此达到静心的效果。很多人经年累月地企图控制住他们的思想，总希望能拥有一颗完全宁静的心。他们总是无法认清，思想只不过是一种活动罢了。也许，你可以把思想的活动分成能观与所观、思想者与思想或是掌控者与被掌控的对象，但这些仍旧是思想的活动。思想是永远无法静止的，一旦停止下来，它就消失了，因此它无法承受那种静止的状态。

如果你已经深入于自我和这些真理之中，你会看见自己的心变得彻底寂静下来——不是费力达到的，不是强制实现的，也不是一种被催眠的状态。心必须安静下来，因为只有处在寂静之中，那个崭新而无法被认出的东西才会产生。如果我通过各种把戏、修炼体系或棒喝来强迫自己的心静止下来，那么我就是在控制念头，压抑念头。这种状态跟认清自我、思维及时间活动而达到的空寂是截然不同的。一旦觉察到自我所有的活动，心就会彻底寂静下来，从中产生一种焕然一新的东西。

冥想就是释放掉心中所有的自我活动，但这涉及时间吗？释放——也许我不该用"释放"这个词，因为你们会感到害怕——自我的活动，需不需要通过经年累月的修行才能达到？还是，你在当下就能做到？有没有这个可能性？探索这些事都是冥想所要下的功夫。如果你告诉自己说"我将一点一滴地逐渐消解掉自我的活动"，这种想法便是你的局限之一，而你竟然还乐在其中。一旦引用了"逐渐"一词，立刻便涉及时间性和阶段性，在修行的某个阶段里，你会感觉自己乐在其中——包括各种满足感、你所珍惜不放的罪恶感以及能带给你坚实存在感的焦虑。于是你告诉自己说："要想摆脱这些烦恼，必须慢慢来。"这正是我们的文化和传统制约的一部分。但是在心理上，止息所有的自我活动，真的需要时间吗？还是根本不需要时间，只需释放出一种新的能量，便可在当下将一切烦恼止息？

心能不能真的看到自己的假设？我能不能清楚地看见这个想法是虚妄的？或者，我只是在头脑里隐约知道它不太对劲儿，但依然抱持着相同的看法！如果我真的看见它是虚妄不实的，它就消解掉了，不是吗？其实解脱根本不需要通过时间来达成。只有在分析时，我们才会用到时间。当我们检视"我"的每一个破碎的线索时，一定会涉及时间这个东西。我一旦认清整个分析活动只是一些妄念罢了，分析就失效了，虽然人们一向认为分析是不可避免的。因为心看到了分析的虚妄性，于是分析思维就停止了。除非你的心是非常失衡而疯狂的,否则你不会靠近断崖边缘:如果你是神智清明而又健全的人,你自然会离开断崖。离开断崖是不需要时间的,那是一种立即的行动,因为你很清楚掉下去会发生什么。同样,如果你认清思维、分析、接受时间性等都是虚妄不实的活动,那么你立刻会止息这些"自我"的活动。

因此,宗教修持就是过着冥想的生活,其中是没有自我活动的。我们确实可能在世间生活里过这样的日子。换句话说,你真的可以活得警醒,随时随地都保持觉察,全神贯注地看着自我所有的活动。这种"看"之中是没有念头、没有结论的,因为心已经意识到了自我的活动以及它的虚妄性了,故而变得极为敏锐和宁静。从这份宁静之中,心会自发地采取行动,而这些都是与日常生活紧密相连的。

你了解了吗?我们有没有真的在交流?因为当前在受苦、困惑、内疚、赏罚自己的是你,这是你的生活,而不是我的。这一切都是你生活的实况。如果你够认真的话,你一定会设法解除这些烦恼。你已经读过一些书,追随过一些老师,或是听过一些人讲道,但问题仍然存在。只要人心还在这些自我活动中打转,问题便仍旧存在;这些自我活动"一定"会制造出越来越多的问题。你一旦开始觉察，对自我的活动了了分明地觉知，心就会变得十分安详、清明、健全而神圣。处在这种空寂的状态之中，我们日常的活动就能得到转化。宗教修持是"自我"的熄灭，是从空寂之中产生行动。这便是一种意趣深远的神圣人生。

从空寂中观察万物

若想探索爱是什么，你就必须摆脱占有、执着、忌妒、愤怒、嗔恨、焦虑和恐惧，不是吗？让我们先来谈一谈执着。当你在执着时，你所执着的对象到底是什么？假设你执着于一张桌子，那份执着之中蕴含了什么？也许是一份快感、一种占有的感觉，或是对它的功能性感到欣慰，即心里觉得这真是一张很棒的桌子等。当一个人执着于另一个人的时候，又会发生什么事呢？当某个人执着于你的时候，你的感觉是什么？在那份执着之中，有一种因占有而产生的自大感，一种掌控感，还有一种害怕失去对方的恐惧，并因而产生了忌妒，于是就更加执着、更想占有、更加焦虑不安。但如果你完全不执着的话，又似乎意味着没有爱，没有任何责任感。对大多数人而言，爱都意味着人与人之间的冲突，所以关系才变成了焦虑的来源。这一点你很清楚，我无须过多解释。然而，这些便是我们所谓的爱。为了逃避这个爱的枷锁，我们才发明了各种娱乐活动——从电视到宗教信仰。我们只要一争吵,便会逃到教会或寺庙里,然后又回来继续怨怼。这种事一直在发生。

不论是男人还是女人,我们有没有可能从这些烦恼中解脱出来,还是根本没有可能?如果没有可能的话,我们的生活里一定会出现永无止境的焦虑不安,从中又会发展出各种类似神经官能症的态度、信仰或行为。我们真的有可能摆脱执着吗?这句话蕴藏着许多的含义。人类有可能摆脱执着而同时又具有责任感吗?

摆脱执着并不意味着要跳到相反的方向,也就是一种抽离的状态,了解这一点是很重要的。当我们在执着时,我们很清楚执着有多么痛苦、多么焦虑,所以我们告诉自己:"看在老天的份儿上,我必须让自己从这种恐怖的感觉中抽离出来。"于是,解离的战役就开始了,我们的内心中尽是一些冲突矛盾。假如你能觉察到自己正在"执着"并体会其中的感受,那么你就是在毫不批判地观察那份感觉。然后,你会看到从那种完整的状态中产生了一种截然不同的活动,那既不是执着,也不是一种解离的状态。我在说话的这一刻,你是否在完整地觉知,还是你只听到一堆说辞罢了?你非常执着于房子、信仰、偏见、结论、某人或某个理想。执着带给你巨大的安全感,也就是一种幻觉,不是吗?执着于某个东西就是一种幻觉,因为那个东西有一天很可能会不见了。因此,你所执着的其实是你为它建立起的刻板印象。你能不能摆脱执着,让你的心里只有责任感,而没有一种尽义务的勉强之感?

接下来我们要探讨的则是,没有执着的爱是什么?如果你执着于自己的国籍,尊崇孤立的国家主义,也就是一种夸大的部落意识,你会怎么样?你会有一种界分感,对不对?假设我们非常执着于德国、法国、意大利、英国,我们势必会彼此对立,于是战争和各种复杂的纷争就会四起。可是如果你没有任何执着,又会发生什么事呢?那种心境是不是一种爱呢?

因此,执着一定会造成界分。我执着于我的信仰、你执着于你的信念,如此一来,界分便产生了。请看一看它的结果以及其中的含义。只要一有执着,界分便产生了,冲突也会随之而起。冲突一旦产生,爱就不见了。假如人与人之间摆脱了执着以及执着所有的内容,那种关系会是什么样呢?那是不是一种开端——不要急着下结论——慈悲心的开端?如果你不执着于任何国家,不执着于任何信仰、结论、理想,那么你就是一个解脱的人,你和别人的关系就会在自由、爱和慈悲之中产生互动。

这一切都是需要去觉察的。现在请注意,你是否必须像我刚才所分析的那样,一点一滴地看到执着的全貌,还是你可以立即看到全貌,然后再一点一滴地分析?我们已经习惯于分析了,我们所受的教育有一大部分都是在分析,因此我们在分析上花费了许多时间。我们现在所探讨的是一种截然不同的东西:觉察、全观,然后才进行分析。如此一来,事情就会变得非常单纯。但如果你先分析、再全观,你很可能会走偏;这是很常见的。全观意味着没有特定的方向,这时,分析与否就不那么重要了。

在这里,我想再探讨一下别的东西。生活之中到底有没有一个神圣的东西?如果把这个神圣的东西拆解成一些称呼、刻板印象或象征,那将是一件非常危险的事。假设你正在做这件事,你能不能问问自己:"我的人生中到底有没有真正神圣的东西,还是每一件事都很肤浅,都是由思想虚构出来的?"我们早已饱受思想的局限;思想虚构出了印度教、佛教、基督教,而我们竟然还向它们祈祷膜拜。这一切都是我们所谓的神圣事物。

你必须把这一切都弄清楚,因为如果你不去发现那个非思想所能虚构出的圣境,你的人生就会越来越肤浅,越来越机械化,最终变得毫无意义。我们总是执着于思维活动,崇拜思想虚构出来的事物。所有的宗教象征、雕像或偶像,不论是手工制造的或是心里臆想的，都是由思想虚构出来的。而思想就是记忆、经验、知识，亦即过往的一切。过往的一切都变成了传统，传统又变成了最神圣的东西。因此，我们是否在尊崇传统？有没有一个跟传统、思想、仪式以及各种把戏毫无关系的东西？你必须去发现这件事。

如何才能自然而然地发现它？当我在用"如何"一词的时候，我并不是在暗示有一种方法。人生之中到底有没有神圣的事物？曾经有人认为："人生没有任何神圣的事物，你只不过是环境的产物罢了。你是可以改变环境的，与神圣无关。你只是一个快乐的、机械化的人罢了。"但如果你对这件事非常认真——你必须对这件事认真——那么你就不会隶属于物质主义或是变成一名宗教人士，因为这些事都是植根于思维活动的。然后你就必须为自己去发现个中真相了。当你不再想找到安全感时，你才会真的开始去探索。

探索人生之中有没有一种深刻的圣境，这件事到底意味着什么？这个至上的境界到底存不存在？还是根本不存在？

只有处在非常空寂的状态，你才能发现它，因为这样你才拥有去探索的自由。你必须拥有这份自由，可是如果你说："我喜欢我的信仰，我要坚持我的信仰。"这时，你就不自由了。或者你会说："所有的事物都是由物

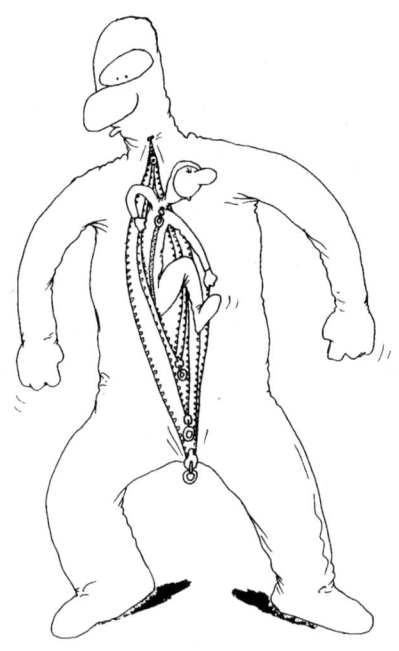

"观察"意味着你必须解脱所有强加在你身上的文明、个人欲望、个人的期待、偏见、渴求以及恐惧等。只有当心彻底安静时,你才能进行观察。

质组成的。"而这句话也是一种思维活动，于是你就又不自由了。因此"观察"意味着你必须解脱所有强加在你身上的文明、个人欲望、个人的期待、偏见、渴求以及恐惧等。只有当心彻底安静时，你才能进行观察。心到底能不能完全不活动？因为心一旦产生活动，就会有扭曲。你会发现，要做到这一点简直困难重重，因为妄念立刻会产生，于是你告诉自己说"我必须控制念头"。但控制者即是被控制的对象。你一旦认清思想者即是思想，控制者就是被控制的对象，观者便是被观之物，那么思想的活动自然会停止。你会发现愤怒就是那个在说"我很愤怒"的观者的一部分，因此，愤怒和观者其实是同一种东西。道理就是这么简单，这么明显。同样，那个想要掌控思想的思想者，仍然是一种思想的组合罢了。你一旦领悟到这一点，思想的活动便止息了。

当你的心中没有任何活动时，你的心自然是寂静的。要达到这种状态，你不需要费力，不需要强迫，也不需要运用意志力。心自然会静止下来，这不是由修炼得来的空境，因为修炼是一种机械化的行为，所以凡是修炼出来的空境，都是一种幻觉。这么一来，你就自由了。自由意味着从我们所谈过的一切活动中解脱出来，这份自由之中有一种空寂感，亦即没有任何活动在进行着。这时，你才能真的观察——观照的状态自然会出现，那是一种没有观者的观察。从彻底的寂静之中会出现纯然的观照，那么接下来又会发生什么事呢？

如果你已经如此深入地探索过自己——摆脱了所有的制约，变得彻底安详了——智慧就开始运作了，是吗？认清执着的本质以及个中的含义，对它产生洞识，这便是一种智慧。只有当你真的自由了，智慧也会随之运作。你的心才会健全、清明。处在这种安详的状态里，你才能发现那个神圣的东西是否真的存在。

开悟并非不变的状态

我们必须思考宗教修持与日常生活的关系，以及到底有没有一个不可名状、超越时间的心境。也许你可以称之为开悟，或是证悟了绝对真理。人类的心智有可能发现这个不朽的、非思想所能组合的境界吗？这个境界必然是存在的，它很可能为人生带来馨香、美和爱。

如果你观察一下人类的历史，你会发现，人们一直在通过各种不同的方式去寻找那个超越日常琐事的境界。人们已经竭尽所能——绝食、自虐、涉入各种形式的精神错乱行为、尊崇传闻逸事以及其中的英雄豪杰、臣服于那些声称"我找到出路了，跟随我吧"的权威人物；不论在东方或西方，人们都在探索这个问题。然而，知识分子、哲学家、心理学家、精神分析师，一向把开悟境界视为毫无价值的精神病症。对这些人而言，此种境界乃是精神分裂的症状之一，或是应该完全避开的一种幻觉。因为他们看到，周遭有许多奉宗教之名而缔造出的荒诞现象以及一些毫无理性、毫无意义的行为，因此他们宁愿交往一些体制内的人士，或是一些臣服于正当模式的人。你一定早就观察到这些现象了。

然而，智力只是生命的一小部分罢了。它固然具有一定的分量，但世人却赋予智力、推理能力、逻辑活动过于重要的地位。人类并不仅仅是一种理性的实体，他们还是一种极其复杂的存在。

你一定早已观察到，人类一直想发现那个既理性又富有完整意义及深度、非智力所能虚构出来的东西；从古至今，他们一直在奋力追寻那个境界。组织化的宗教其实是在做生意，它借着庞大无比的机构将人心局限于信仰、教条、仪式和迷信之中。它的生意十分兴隆，我们会接受它是因为我们的生活实在太空虚了。因为生活之中缺乏美，所以我们渴求浪漫而又神秘的传闻逸事。我们向往传奇或神话，但所有的人为组织，不论是有形的还是无形的，都跟实相扯不上任何关系。什么样的心智能完全超脱人类的意图？什么样的心智能舍弃人类为了追求实相而虚构出来的那些事物？实相是一种最难用言语来描述的东西。我们必须用言语沟通，但沟通也可以是无言的。这意味着你和演讲者必须处在同样的层次，怀着同样的热情，共同进行探索。这样，你和演讲者才能真的沟通。我们现在不只是在进行无言的沟通，同时也在通过言语来理清一些复杂的问题，但这是需要通过清晰而客观的思考，以及超越一切思维的领悟才能办到的事。

不成熟的人是不适合冥想的。不成熟的人只会一味盘坐、练习吐纳或倒立、吸毒，企图通过这些把戏来体悟生命的源头。但是你别想借助药物、绝食或任何修炼体系来发现那个永恒不朽的东西，因为开悟是没有捷径可走的。你必须下真功夫，也就是毫不扭曲地觉察自己的言行举止和思想。而这是需要极高的成熟度的，我指的并不是年龄的大小，而是一颗能如实观察的心，一颗能如实看到真、假以及假中之真的心，这才是真正成熟的心。不论在政治上、生意上或是在关系之中，它都有能力如实观察。

你也许早就听过"冥想"一词或读过相关的著作，甚至追随过某位宗师。不过，我衷心希望你最好从未听过它，这样你才能以清新的头脑去探究它。有许多人都去过印度，可是我不知道他们为什么要到那里去：真理并不在那儿；那儿拥有的是浪漫的氛围，但浪漫的氛围绝不是真理。真理就在你的当下。它不在遥远的异国，就在你的眼前，在你的所作所为之中。你不需要去剃度或做一些人类早已做过的蠢事，因为真理就在你的眼前。

你为什么要冥想？冥想的真正含义是沉思、留心、觉察、清楚地看见。若想清楚地看见，没有任何扭曲地进行观察，你必须对自己内心的局限和底层的活动有所觉察。只是觉察它，而不是企图去改变、转变或解决掉它。对整个意识内容进行毫不扭曲而又了了分明的观察，便是冥想的开始及结尾，是第一步也是最后一步。

你为什么要冥想？到底什么是冥想？譬如，清晨起床时你看到窗外的晨曦、远山和水面的波光，如果你能一言不发地观赏这惊人的美景，心里连说"好美"之类的念头都没有，全神贯注地观察，你的心便是彻底寂静的。否则，你就无法真的观察或倾听。因此，冥想就是一种全观或空寂的心境。只有在这种心境之下，你才能看到一朵花的美以及它的色彩和形状，这时，你跟那朵花之间的距离已经消失了。但这并不意味着你认同了那朵花，而是你和那朵花之间的距离或时间感不见了。只有当你的心中没有任何念头或自我中心感时，你才能清楚地、全神贯注地觉察。这便是冥想。

你不妨试试，看自己能不能毫不扭曲，没有任何记忆的干扰，只是默默地进行观察？要做到这一点，你必须深入探究。这意味着思想不能干预观察，亦即对你所观察的对象不抱持任何刻板印象。我不知道你有没有做过这件事。那个刻板印象就是"你"——你对别人所抱持的各种印象和自己的各种心理反应都会造成你和别人的界分，而界分又会带来冲突。不抱持任何印象，你才能全心全意地凝视对方，而其中便自然存在着爱和慈悲，如此一来，冲突就消失了。这就是没有观察者的观察。

欣赏一朵花也一样，那是一种合二为一的心境，其中没有任何界分感。因为界分意味着冲突，只要思想一变得过于重要，界分感就产生了。但是对大多数人而言，他们都高估了思维活动的重要性。

现在，问题又产生了：思想是可以被控制的吗？你是否必须去掌控念头，让它们能正确地运作而不干扰你？控制意味着压抑、有特定的方向、依循某个固定的模式、模仿以及臣服。从童年开始，你就被教育成一名习于掌控的人，然而现代社会又对掌控性产生了某种反感，于是你对自己说："我再也不想被控制了，我要为所欲为。"我们现在并不是在暗示你不能做自己想做的事，如果是的话，就有点儿离谱了。不过，负责掌控的整个体制也是相当离谱的。只有当你缺乏理解的时候，才有掌控的必要。如果你已经把事情看得很清楚，自然就不需要掌控了。假设我的心很清楚地看见思维活动的干预，看见思想中存在界分，也看见思想的运作永远都在已知的领域内，凭着这份观察，我们就能防止被思想掌控。

修持意味着学习，而不是如一般人所认为的臣服。我

一颗能探索冥想本质的心,
一定是永远都在学习的,
而学习本身就能带来秩序。

们现在探讨的是一种不受操控而又有能力学习的心智。只要有能力学习,就没有必要掌控了。换言之,学习便是解脱的行动。一颗能探索冥想本质的心,一定是永远都在学习的,而学习本身就能带来秩序。人生一定要有秩序,秩序便是美德,行为之中的秩序即是正义。这份秩序并不是由社会文化或环境强加在我们身上的一种压制或臣服,它不是一份蓝图;只有当你理解了混乱之后,它才会出现,包括内在与外在。排除掉混乱,秩序就产生了。因此,我们必须先看一看我们生活之中的混乱、矛盾、相互冲突的欲望以及表里不一的言行。在理解和观察混乱的过程中,你必须毫无选择地全神贯注于混乱,如此一来,秩序就会自然而然地降临。这份秩序确实是生活中必要的东西。

冥想就是在生活过程中让关系保持互动,转化彼此之间的冲突,是去了解恐惧或享乐是什么,是所谓的爱、从死亡之中解脱以及彻底独立自主的一份自由。自由是人世间最伟大的东西之一,你的内心如果无法独立自主,你在心理上就是不自由的。那份独立性并不是一种孤立的状态,也不是隐居避世。

只有当你彻底放下了——不是在口头上,而是真的放下了——人类的恐惧、欲求和超凡入圣的向往之后,那份独立性才会出现。

假设你已经深入到这种地步了，你就会认清：只有不再陷入任何幻觉，不再追随任何人，并超越一切权威的掌控，你才能打开那扇知觉之门。只有这样的心才能发现是否有一个超越时间的境界存在。

理解时间的议题是很重要的，不是历表上的时间，而是心理上的时间感——"未来我会变成什么"或"我会成就什么、达成什么"。这些想法都涉及从此到彼的过程，一种思想的制造过程。从牛车进展到喷气式飞机当然需要过程，但心理上的过程——"我"会变得更好、更高尚、更智慧——真的有必要吗？这个属于过往的、老旧的"我"早已累积了许许多多的东西——侮辱、奉承、痛苦、知识——它能不能变得越来越好？从此处到彼处确实需要时间。但是人真的能变成理想中的模样吗？你真的能变成更高尚、冲突更少的人吗？这个"我"就是把"我"与"非我"、"我们"与"他们"、"美国人"与"印度人"、"俄国人"划分开来的一个存在。那么，这个所谓的"我"能不能变得更好？还是这个"我"必须彻底静止下来，不再想变得更好或变成理想中的模样？你一旦认为有一个更高尚、更美好的东西，你就否决了自己的善性。

冥想是彻底否决掉"我"，让心不再自相冲突。一颗没有任何冲突的心，并不仅仅是念头与念头之间出现了空当,而是彻底从冲突之中解脱了。而这就是冥想所要下的一部分功夫。

一旦认清了心理上的时间感,你的心就会出现空间。你有没有注意到我们的空间有多么狭窄,包括内在与外在?住在大都市里,就像住在狭小的衣橱里一样,所以我们才会变得越来越暴力,因为我们需要外在的空间。但是你有没有真的去发现我们内心的空间有多么狭小?我们的心中填满了各种想象,还有我们所接受的各种形式的制约、影响及宣传,其中充斥着人类的发明、思想、欲望、渴求、野心和恐惧等,因此,它已经没什么空间了。如果你深入探索就会发现,冥想便是放下这一切,让心中出现无限的空间。这时,心就寂静了。

你也许已经从某人那儿学到了一套冥想方法,所以你认为自己必须修炼,心才能安静下来;只有心安静下来,你才有可能开悟。这便是你所谓的"冥想"。

但是,这样的冥想根本就是胡闹,因为当你在修炼时,一定有一个实体在那里不停地锻炼自己,这么一来,你的心就会变得越来越机械化,越来越迟钝,越来越有限。你为什么要修行?为什么要让别人介入你和你的探究之间?为什么要让传教士、你的宗师或你的书本介入你和你想发现的东西之间?是不是因为恐惧?是不是因为你想得到别人的鼓励?还是因为你不能确定自己有能力，所以才依赖别人？当你因为不确定而去依赖别人的时候，你最好先弄清楚你所选择的对象是不是跟你一样不确定。假设你所依赖的对象很确定自己的发现，那么他一定会说："我开悟了，我已经有所成就了，我即是道路，跟着我吧！"这时你要十分小心这个声称自己已经开悟的人。

因为，开悟并不是一种固定不变的状态，它不是一劳永逸的。你真正需要了解的是我们生活中的混乱和失序。充分理解了混乱之后，秩序自然会出现，然后心就清明了，不再疑惑了。这种确知的状态并不是靠智力达成的。当你的心很清楚地认识了混乱之后，知觉之门自然会打开，门后的东西是无法言传、难以形容的，任何一个企图去形容它的人都还未真的见到它。因为语言并非真实之物，形容亦非被形容的对象。你所能做的只有全神贯注于你的关系之上，认清每当刻板印象出现时，全神贯注的心境就会消失，并且还要去了解享乐和恐惧的本质，看到享乐并不是爱，欲求也不是爱。

你必须为自己去发现一切事物的真相，没有任何人可以告诉你。譬如，每一种宗教都强调戒杀，不过对你而言，这些都只是一堆教条罢了。你如果够认真的话，就必须为自己去发现个中的深意。前人说过的话也许是真的，不过那个真理不是你的。你必须亲自去发现戒杀真正的含义是什么，那才是你的真理。同样，你不能依赖别人或别人发明出来的修行体系，也不能臣服于某位宗师、老师或救世主，你必须自由地探索孰真孰假，为自己去发现如何才能毫不费力地活在世上。

这一切都是所谓的冥想。

追寻的终点

世界上有没有一个不是由思想虚构出来的东西？即世界上有没有一个超越时间的东西？我们已经习惯于"外在的成长"这个观念。我们一向是通过时间来学习、理解一些事物的，因此，我们早已认定，改变是需要时间的，这就是一种外在的时间性。从某一点到另外一点是需要时间的。不过，我们同时也接受了心理上的某种结论或观念："我不认识自己，因此我需要时间来认识自己。"思想就这样在心理上种下了时间感。但是你真的需要时间来摆脱贪欲吗？我现在只是在举例而已。你真的需要好几天的时间才能摆脱掉心中的忌妒、焦虑、贪婪或羡慕之情吗？你一向以为自己需要一些时间才办得到。譬如我说，"我将摆脱掉它"，"将"字就意味着时间。我们的习惯、传统、生活方式一向暗示着："我将克服我的恐惧、忌妒、不妥感。"所以，心才会习惯于心理上的时间感——明天，或是许多个明天。现在，我们要向它提出质疑。我们认为，时间是没有必要的。我们不需要时间来摆脱贪欲。换句话说，如果你摆脱了时间感，你的贪欲所指望的明天就不存在了；你会立刻采取行动来袭击它。思想从怠惰之中发明了心理上的时间感，以此作为逃避、拖延以及沉溺的手段。

你能不能在心理上解除掉"明日"的概念？请深入探索一下这句话。以你的焦虑或是性欲为例，假设你认为借着某些感官活动，你将达到你渴望的目的，但这"达到"本身不就是时间的活动吗？你能看到这个真相吗？看到的那一刻，欲望不就止息了吗？或者对你而言，这只是一种概念罢了？

心一旦陷入时间感之中，并且发现"明天"这个概念只是一种心理上的幻觉，或是为了达到目标的一种手段，那么剩下的就只有纯然的觉察和行动，而不再出现时间的隔阂了。举例而言，当你看到国家主义的危机时——战争等——那份觉察本身就是一种不再执着于任何集团的解脱行动。你是不是在这么做？每天晚上，英国的电视台都在强调："英国！英国！英国！"法国的电视台则强调："法国！法国！法国！"如果你认清这类说法会导致灾祸，如果你发现指望通过时间来解除你从小所认定的英国人身份是一个极大的错误，那么这份见地本身，便是止息冲突的一种解脱行动。若想认清真相，你需要具备一颗极其认真的心，一颗会对自己说"我想弄清楚"的心。

冥想即是时间的终止。我们刚才就是在做这件事，我们已经冥想过了，通过冥想去弄清楚时间的本质。从此处到彼处，我们确实需要一些时间，但心理上的时间感是不存在的。这是个不得了的真相，因为这么一来，我们立刻超脱了所有的传统。传统说我们需要时间，需要渐修，才能触及上帝，这项发现也意味着希望的止息。希望暗示着未来，希望就是时间。当一个人感到忧郁、焦虑或是觉得自己不妥时，他一定想学会解脱和进阶的方法。可是一旦认清心理上的未来是不存在的，你自然会去面对真相，而不再抱持任何希望。

我们刚才对时间所进行的探索，就是冥想的起步。这便是冥想的一部分工作。

若想发现那个超越时间的东西，我们就得抛却所有烦恼。我们的心中充满着各种烦恼：个人的烦恼、集体的烦恼、国际的问题等。我们为什么会有烦恼？请问一问自己，为什么你会有烦恼——性方面的烦恼、想象出来的烦恼、失业的烦恼、自觉有所不妥，或是在心中自忖："我想上天堂，但是我办不到。"生活之中有可能完全没有烦恼吗？这意味着烦恼一产生，就要被立刻消解掉。拖延是一种时间的活动，它会带来更多的问题。但烦恼到底是什么？烦恼的产生意味着有些事你还没有彻底了解、解决和结束；你为它担忧，考量再三，你无法理解它，日复一日地挣扎着。心就在这个过程中受损了。你能不能在内心里看到这个真相——不是在头脑中，而是在内心里？你能不能看到那些有烦恼的男男女女，其实是陷入了时间感之中？假如心智解脱了时间感，他们就能立刻解脱烦恼，不是吗？心里只要一产生时间的概念，譬如"我需要时间来解决它"，你就脱离了事实，这才是真正的烦恼。如果你深入探索这件事，你的烦恼很快就会被消除。但心必须先拥有观察的自由。

若想探究那个超越时间的东西，你必须跟众生保持联系，但只有心中出现了爱，才能拥有这种一体感。爱不是享乐，不是欲望，也不是去满足你自己的需求。缺少了这份爱的品质——不管你怎么修炼；倒立也好，穿上花哨的袍子、把余生都花在打坐上也好——你都不可能修成正果。要想找到那个超越时间的东西，你必须在关系之中学会爱以及深刻的情感交流，而这些都不是思想的产物。只有当心中不再有烦恼时，爱才会出现。

冥想就是毫不费力地让心完全安静下来。费力的冥想意味着其中还有时间感、挣扎以及想要达到自己所设定的目标。因此，你能不能毫不费力、完全不受控制地进行观察？我在用"不控制"一词的时候，心存犹豫，因为我们正活在一个过度放纵的社会里——你可以

一颗处在冲突之中、充满着烦恼的心,
一颗尚未解决关系问题,因而缺乏爱的心,
是不可能有所超越的。

为所欲为，而且是越愚蠢越好：吸毒、性放纵、穿戴着毫无意义的衣饰。演讲者现在所用的"不控制"一词指的是，在纯然的观察之中，掌控性是没有必要的。切莫自欺欺人地对自己说"我正在进行纯然的观察，因此我完全不需要控制自己了"。然后便径自沉溺于自我之中。这么一来，你就变得毫无理性了。一颗被掌控的心是受制于思想的，而思想总是有限的，然后它又从这种局限之中产生某种欲求，于是它说"我必须掌控"。这样的心已经变成了理念的奴隶，它就像一个信仰非常坚定的人，再也无法自由地思考；它已经变成某种概念或某种结论的奴隶了。

一颗处在冲突之中、充满着烦恼的心，一颗尚未解决关系问题，因而缺乏爱的心，是不可能有所超越的。它只会误以为自己已经超越了原先的局限。它可能会制造出自己已经开悟的幻觉，而事实上它并没有。如果我们能够认清，并且已经深入到可以放下人类所有的局限时，我们的心、所有的感官和人脑之中，就会产生无比强大的爱和智慧。然后，我们才能继续探索下去。

静心指的并不是身体保持静止不动，它不需要固定坐姿。你可以躺着，做你喜欢做的事，但是身体必须完全安详。你不能去刻意控制身体，因为一有强制，内心就会产生冲突。心有了自由之后，才会彻底安静下来，然后才能进行观察。这并不意味着有一个"我"在进行观察，存在的只有观察而没有"我"。如果有一个"我"在那里观察，就会产生二元对立及界分感。"我"或"你"都是一种自我感，它是由过往的记忆、经验、烦恼以及当下的问题和焦虑组成的。如果我们深入探索自己的内心的话，"我"的存在感就会消失。现在正在进行观察的并不是"我"，而是纯然的观察。

然后又会发生什么事呢？我们目前正在做的事就是真正的冥想：一种对自我的探究，一份自我觉察，或是去了解自己所有的问题、欲望、压力、冲突及痛苦。你必须去观察你的内心在关系互动时所产生的反应，这样觉察力才能运作。跑到树下去打坐是观察不到什么东西的，只有在关系互动时，你才会产生反应，假设你的心目前正处在一种没有烦恼、没有掌控性、毫不费力又不用意志力的状态，意志力就是欲望的精髓——"我将要"、"我想要"或是"我必须"都将成为陷入时间感之中的欲求。为了达成某件事，我必须运用意志力来得到它。假设你的心已经摆脱了这一切，假设你已经深入到这种程度了，这时又会发生什么事呢？

人类一直在追寻这个神圣不朽的东西，他告诉自己说："我已经彻底理解了我的人生，现在还有什么更具有超越性的东西存在吗？"所有精神上的追寻必须止息，因为如果你一直在追寻上帝、真理或任何一种东西，那么你很可能在借着这份追寻来满足自己的欲求，或是想解决掉自己的问题，舒解自己的性冲动。"追寻"意味着一旦发现了自己所追寻的东西，你一定会认出它来；而它也一定能满足你的欲求，否则你会将它抛到一边去。你会希望它能解决你所有的困惑——但是它不可能办得到，因为所有问题都是你自己制造出来的。一个声称自己在追寻真理的人，其实是非常不平衡的，他其实是在与自己开玩笑。因此，这一切活动如果都停止了，心就会在纯然的观察之中彻底寂静下来。超越这份觉性之外的东西是无法描述的，任何一种对它的描述都是只言片语罢了。

你所能做的只有默然不语，但假设你遇见了具有同等能力、同等热情，又处于同样层次的人，你自然会跟他产生共鸣。不过，爱到底是什么？是不是以同等热情、同样层次与某人产生共鸣？这不就是爱吗？我指的并不是肉体上的爱欲，而是一种没有欲求的爱。以同等热情、同样节奏与某人产生共鸣——这便是爱。

如果这样的爱出现了，而你的心也有了空寂的品质，你的沟通就不需要言语了。这样的沟通才是真正的神交，也就是完整地分享某种无法言喻的东西。当你付诸语言的那一刻，它就不见了，因为言语并非真实的东西。

现在我们探索到哪儿了？我指的是迄今为止，你已经听到、学习到或看到什么程度了？还是这一切都只不过是一堆说辞罢了？或者目前你已经有了深刻的转化，并且摆脱了自己所有的烦恼和恐惧，心中因此而产生了不朽的馨香——爱？

纯然的观察

我们在彼此交谈时，有没有真的在聆听对方？你大部分时候都在和自己交谈，现在有一个人出现在你面前，他想告诉你一些事，但是你没时间或是无意听他说话。我们的耳朵经常是闭塞的，里面并没有什么空间，所以我们从未真正倾听过对方的话语。倾听不只是用耳朵去听，同时还要听到话语中的含义、内容以及弦外之音。声音是非常重要的；有空间的存在，才会有声音，否则声音就无法存在了。只有空间之中才能产生声音。因此"听"的艺术就在于不只是用耳朵去听，同时还要听到话语中的弦外之音。话语中都有弦外之音，要想听到它，心就必须有空间。但是在听的时候，如果不断地将对方的话转译成自己的偏见和好恶，你就不是在倾听了。

你能不能在倾听演讲者话语的同时还能意识到自己心中的反应，而又不企图去修正自己的反应以顺应演讲者的观念？这个过程就是一种冥想：首先，演讲者说了一些话，你专心聆听他的话，同时也能意识到自己在听话时心中所产生的反应；你的心有足够的空间来容纳自己的反应和对方的话语。这意味着你的心是全神贯注的，而不是飘到别处。如果你能真的"倾听"，在那份倾听之中自然会有奇迹发生。那个奇迹就是，你和演讲者的话语产生共鸣，而同时又能意识到自己心中的反应。你能同时听到演讲者的话和自己心中的话，你把所有的声音都完整地听进去了，这意味着你的心有空间。你全心全意地在倾听。这种听的艺术是你在大学里无法学到的，也没有学位可拿。你只是单纯地去听各种声音——潺潺的河水、鸟儿的鸣叫、飞机掠过的声音、你的妻子或丈夫的话语——这是很难做到的事，因为你们已经对彼此太熟悉了。你几乎立刻就知道她下一句话要说什么，而她也很清楚你将要说些什么，这是相处十数载之后必然发生的事；你已经让耳朵完全闭塞了。

你能不能在当下这一刻开始学习"听"的艺术？也就是去倾听、觉察你心中所有的反应，并留出空间来包容心中的律动，同时又能听到外在的声响。这是一种整体性的觉知，一种融为一体的倾听方式。这种"听"的艺术需要你全神贯注，因为当你全心全意在听的时候，听者的存在感就消失了，剩下的只有对真相的洞察，对事情是真是假的认知。如果真想弄清楚冥想的心是什么样子的,你必须留意地倾听所有声音,就像一条湍急的河水不断地流动着一样。

宗教修持是不是一种思维形式,或者它是否应该超越思维?思想永远基于经验、知识和记忆之上,因此是非常有限的。不通过思想来探测那个超越思想之外的东西是很难办到的事。我看见思想的活动在本质上是受限的,无论在技术领域还是在心理领域都是如此。思想及其所有的活动都是受限的,所以才会有冲突产生。这是很容易理解的事。你一旦理解了这一点,接着要探索的就是,什么样的工具才能探入思想领域之外的东西?这件事有可能办到吗?思想确实可以检视自己的活动、局限、自己组合事物的过程,以及摧毁或创造某个东西的过程。思想总怀着一些自己的困惑,但仍然能带来某种程度的秩序,不过那并非至高无上的秩序,而是一种有限的秩序。秩序与整个存在息息相关。

也许"探测"一词并不妥当,"探查"也不正确,因为你根本无法去探查一个超越思想之外的东西。我们是否有可能在无念的状态之下进行观察,譬如去观察一棵树、聆听流水的声音而不受任何妄念的干扰、只是去观察而没有任何记忆的活动。要做到这一点,我们必须要摆脱掉那个老旧的观察者。

你能不能不带着任何妄念或记忆来进行观察?你能

清晨起来你望向窗外，看见远山、河谷、树林及绿野，那种感觉就像是一名初生婴儿见到壮观无比的景象一般。这意味着你要不带有任何偏见、结论、成见去进行观察。

不能看着你的妻子、你的女朋友或是你的丈夫,但心中不带着"妻子"、"女朋友"或"丈夫"这个名词以及和这个名词相关的各种记忆?请深思一下这件事的重要性:你看着她、他或一条河,就好像初次遇见一样。清晨起来你望向窗外,看见远山、河谷、树林及绿野,那种感觉就像是一名初生婴儿见到壮观无比的景象一般。这意味着你要不带有任何偏见、结论、成见去进行观察。如果你是一知半解的一定无法进入这样的状态。但如果充分领会了个中的含义,你很容易就能进入状态。假设我抱持着过往的印象、记忆和伤痛来看待我的妻子,我可能永远也看不见真正的她了。你能不能凝视着你的女友、妻子或丈夫,就像初次遇见他们似的,心里没有任何刻板印象或记忆?

若想探查不被染指的内心的本质是什么,你必须全心全意地觉知。这意味着你不能依赖宗师、教会、自己的观点或是过往的传统——也就是要自由地进行观察。如果以这种方式进行观察,你的头脑中会发生什么事呢?

我一向都怀着记忆和刻板印象在看待我的妻子、孩子、丈夫、女儿、天上的云、河水和树林,这就是我的局限。现在你来到我面前,告诉我要默然无语地凝视众生,心里不要怀着任何既定印象或记忆。而我的回答是:我办不到。我立刻做了这样的回应,这意味着我并没有真的倾听你的话。请留意一下，如果你立刻回答说"我办不到"，那么就意味着你在抗拒。因为我把自己交给了某位宗师或某种形式的宗教教条，所以我不敢全盘放下。我必须留意自己心理上的这种抗拒反应，同时还要注意听你所说的话——想真的进行观察，心中的妄念必须放下——这两者我都得注意观察。

因此，请仔细觉察下面这些活动——心理上的抗拒以及倾听活动，想要倾听又明知抗拒一定会令自己无法专心听讲——而不要抽离出来。不要说"我必须弄清楚"，只要看看就够了，因为这样你才能全神贯注。

纯然的全观是没有自我活动的。妄念即是自我的活动。妄念、记忆、累积下来的创伤、恐惧、焦虑、痛苦、哀伤，这些都是人类的烦恼，亦即我们的意识或自我。但只要一观察它们，它们就不见了。在观察的时候，并没有一个"我"存在着。如果在日常生活中进行这样的观察，完美的秩序就会出现，而且里面没有冲突，冲突便是失序，但是在这份失序的冲突之中，仍然存有一种奇特而受限的秩序。

接下来，我们可以探讨冥想到底是什么——我指的并不是"如何"冥想。当你一开口问"如何"的时候，你就是在期待有人会告诉你答案。但如果你不去问"如何"而是去问"冥想是什么"，那么你就必须运用自己的经验和能力去探索；虽然你的能力有限，但你毕竟是在自己思考。冥想便是深思熟虑，奉献专注，这里指的并不是对"物"的专注，而是具备一种奉献的精神。我希望你现在能为自己而不是为别人去弄清楚冥想到底是怎么一回事，因为没有人能教你冥想，不论那个人的胡子有多长，身上的袍子有多奇特。你必须为自己去发现这件事而不能依赖任何人。

你必须非常仔细地去理解"冥想"一词的真谛，也就是去了解"度量"的活动。"度量"到底是什么意思？从古希腊至今，整个技术领域都是基于度量之上的。你不可能不通过度量来造桥或建造几百层高的摩天大楼，然而我们同时也在内心里进行着度量的活动："我曾经如何，我将要如何。""我是这样的，我曾经怎么样，我必须怎么样。"这些不但是度量，也是一种比较的活动。度量就是比较：你高，我矮；我皮肤白，你皮肤黑；我们必须去深入理解度量的含义，譬如"更好"或"更多"，而永远不在内心里进行这样的活动。在我们交流的这段时间里，你有没有在衡量或比较？

头脑一旦摆脱了度量的活动之后，一向习于衡量比较的脑细胞，会清醒地意识到度量原来是对心理健康有害的。如此一来，脑细胞就产生了突变。你的头脑一向习于朝某个特定的方向思考，而你也认为这是唯一能找到答案的方式。但是你找到的答案，很显然是你的思想虚构出来的。现在，某人来到你面前告诉你说，那个答案对你是无助的，你心生抗拒，说道："不，你错了，所有的传统，所有伟大的作家、圣人都会说你错了。"这意味着你并没有在探查自己的真相，你只是在引用别人的话语，也就是在抗拒。因此，那人说道："不要抗拒，请听我说，我的意思是请觉察你自己心中的思想或反应，以及我对你说的话。"这两方面你都得觉察，换句话说，你的心中必须有空间。

因此，你必须弄清楚自己是否能活在没有度量的生活里——不是偶尔去打个坐就算了。"冥想"具有非常深刻的含义，理解或洞悉它的含义，意味着你已经止息了心理上的度量活动。你有没有在做这件事？

冥想接下来的工作又是什么？到目前为止，我们已经了解了全观和彻底倾听的真谛；在彻底倾听之下，你一定会觉察到心中的念头。我们现在要问的是，到底有没有一个神圣的东西存在？我们并不是在探讨"有"或"没有"。我们要问的是，有没有一个东西是思想无法染指的？这并不意味着我要达到某个超越思想的境界，而是到底有没有超越思想的境界存在，那是否在物质范畴之内。思想是一种物质的活动，因此由思想组成的东西，一定是受限和不完整的。那么，有没有一个东西是完全超出思想之外的？我们是在探讨、留意以及倾听——这意味着思想活动是完全静止的——除了肉体必要的活动之外。我必须从此处到彼处去；我必须写封信；我必须开车；我必须吃东西；我必须煮饭；我必须洗碗盘。这时，我必须用到思想，虽然思想非常有限，而且总是一成不变。但是在内心里，也就是在心理上，思维的活动必须停止，否则进一步的活动是无法产生的，这是很明显的事。若想观察到那个在思想之外的东西，思维活动就必须停止。如果你问："止息念头的方法是什么？是专注禅定，还是控制念头？"那就是一种很不成熟的态度了，因为想控制念头的又是谁呢？

若想获得进一步的洞见，或者想观察是否有一种非思维所能组合成的东西，那么思维活动就必须完全止息。凭着这股必须去发现真相是什么的能量，你便可以让念头止息下来。为了进一步观察到真相，念头自然会止息下来。事情就是这么简单，不要把它复杂化。如果想游泳，我必须学游泳。这时我想要学游泳的意图，已经远远超过了对游泳的恐惧。

这是一项很重要的观察，因为思想虽然有限，它毕竟还拥有自己的一点儿空间和秩序。有限的思维活动一旦静止下来，不只头脑中有了空间，心中的空间也会出现。这里指的并不是自我扩张的空间，而是无限量的空间。思想的本质是受限的，因此无论它怎么造作，永远都是有限的。思想一旦觉察到自己的局限，并认清世界的混乱就是由自己的局限制造出来的，那么凭着这份觉察，你就能发现崭新的东西。这时，真正的空寂便出现了。

换句话说，冥想就是在心理上了解和止息一切度量的活动，亦即停止所有"变成"的活动，并认清思想永远是受限的。它虽然渴望无限，但它毕竟是从局限之中产生的活动。如此一来，思想就安静下来了。喋喋不休、混乱不清的头脑静止了下来。因为它已经看见自己的真相，所以无须修炼，便自然安静了下来。这个真相、这项事实即是一种超越时间的东西。

思想止息了下来，这时头脑开始出现彻底寂静的感觉。现在，所有的思维活动都停止了。它虽然停止了，但如果有必要的话，它仍然可以在物质世界中运作。现在我们只是假设它是安静的，是空寂的。因为空寂之中没有任何活动，所以是无边无界的。但自我的空间一向非常狭小，自我感一不存在，亦即思维活动止息时，头脑里就会出现巨大无边的空寂，因为它已经摆脱了自己的局限。

只有空寂是不受时间或思想染指的，或许它就是一种最神圣的东西了。你不能为它定名，因为它也许是无法被形容的。它一旦出现，人的心中自然会产生智慧、慈悲和爱。如此一来，生命就不再四分五裂了，因为空寂本是统合一致、生机勃勃的能量活动。

生死是同等重要的两个方面。其实生就是死。止息所有的烦恼、痛苦和焦虑，便是一种死亡，犹如两条河并成一条浩瀚的大河。从我们一开始谈话到现在，所有的内容都是冥想涉及的范畴。我们已经十分深入地探索了人性的本质，但没有任何人可以为你带来突变，除了你自己之外。

他人无法带给你光明

你必须是自由的，才能为自己点亮内在的光明，也就是"以自性之光来照亮自己"！这份光明不是别人给予你的，你也无法借别人的烛光来照亮自己。别人的烛光毕竟只是一根蜡烛，它迟早会熄灭的。弄清楚"点亮自性之光"的含义，就是冥想要下的一部分功夫。我们现在要共同探索一下"点亮自性之光"的含义，并且要认清拥有这份光明是件多么重要的事。

我们的局限之一就是轻易接受别人成为我们的权威——僧侣、书籍、宗师以及某个自称已经开悟之人的权威性。凡是涉及"灵性"——请允许我暂时采用这个称呼——的事，都不能依靠任何权威，否则你就无法自由地为自己探查及发现什么是冥想了。若想深入探查与冥想有关的事，你必须在内心里彻底摆脱一切权威和较量，尤其应该摆脱的权威就是我这名演讲者，因为如果你一味地追随我的话语，你的探索便结束了。你必须留意那些医师或科学家的权威性，并且要了解我们根本不需要任何一种心理上的权威，不论是别人的意见，还是你自己的经验、知识、结论、偏见。你自己的经验或理解，也会变成你内在的权威："我理解了，因此我才是对的。"这一切都是需要你留意的权威形式，否则你永远也无法点亮自性之光。一旦你点亮了自性之光，你就为世界带来了光明，因为世界即是你，你即是这个世界。

没有任何人能引领你，告诉你目前已经有进步了，并为你带来鼓舞。你必须完全独立自主地进行冥想。只有当你深入探索过自己的真相之后，这份光明才会被点亮。这就是自我觉察，亦即认识自己的真相。不是去依循心理学家、哲学家或是演讲者的话语，而是去认识、觉察你自己的本质、思想和感觉，去弄清楚整个结构。自我认识是一件无比重要的事。不是由别人来告诉你，而是真的去发现自己的实况，不是你自以为的情况，也不是应该怎么样，而是当下的心中真正发生的事。

你有没有试着这么去做过？你知道要察觉心中的真相有多难吗？因为我们总是透过以往的知识在观察一切。如果你抱持着这些老旧的知识或经验来探索自己，你便是以过往的历史背景在检视自己。如此一来，你就不是在观察眼前的"真相"了。观察之中必须有一份自由，在自由的观察之中，自我的整个结构才会被揭露。但很少有人会告诉你这些事，因为大多数人只对自己感兴趣,他们总想建立组织,形成团体,做诸如此类之事。因此,如果你不介意的话,就请注意聆听眼前这位演讲者的话语吧!

如果想了解自己,你必须对自己进行观察,而这份观察只能在"当下"进行。并且,这份观察不是借助过去来看当下所发生的事。假设我透过以往的结论、偏见、希望或恐惧来观察当下,那就是在借助过去来看当下所发生的事。我以为我在观察当下,然而真相是,这个属于过往的老旧观察者必须消失,当下才能被观察到。观察到当下是一件极为重要的事。与过往有关的记忆活动不对眼前所发生的事进行干预,这就是当下。但如果你允许那些记忆活动继续进行下去,那么当下就变成了未来或是过去,而你也永远无法真的安于当下了。"观察"只能在事情正在进行的时候发挥作用——当你正在生气,或者当你正在起贪念时,观察才能发挥作用。这意味着你不要去批判它或是评判它,而是去看着它,让它充分在心中产生和消失。你能理解这种观察的美吗?

传统教育一向要我们压抑,或是朝某个特定的方向思考。我们现在要说的是,观察你的愤怒、你的贪念、你的性需求等,让这股愤怒或其他心理反应充分显现,然后它们自然会消解掉。如果你真的做到了,你可

不带任何选择性地觉察自己,
看看当下到底发生了什么事,
这意味着你能够允许整个"自我"的
活动充分显现出来。

能永远也不会再生气了。不妨试试看，为自己去发现个中的真相。让你的观察之中不带有任何选择性，只是纯然地看着自己的贪念、忌妒、羡慕等反应。凭着这份没有任何历史背景的观察，你就能产生真正的转变。

不带任何选择性地觉察自己，看看当下到底发生了什么事，这意味着你能够允许整个"自我"的活动充分显现出来。如果所有的历史背景，亦即老旧的观察者不存在了，自我就会产生真正的突变。如果你能这么做，你就不需要依赖任何权威了。那时，你的观察和真理之间也就不再需要中介了。如果能做到这一点，你便是点亮了自性之光。如此一来，你在任何时刻都不再需要去讨教别人。在这份观察之中，自然会产生解脱的行动，带来真正的转变。请试试看！

因此，不带有任何权威性的观察，亦即完全自由地进行观察，是一件最重要的事。这意味着我们一向热衷追求各种经验的那份欲望必须彻底止息下来。我会告诉你理由是什么。每天我们都在经历各种事情。这些事情一旦被头脑存档，就会变成我们的记忆，而这些记忆又会扭曲我们的观察。举例来说，如果你是一名基督徒，那么你已经受制于2000多年来所形成的基督教理念、信仰、教条、仪式和救世主，而你对这些事都会生起想要经历的渴望。你一定会去体验这些事，因为这就是你的局限。在印度，人们信仰的神祇起码有几百个，他们已经受到了这些信仰的制约，所以自然会看到这些神祇的幻象，因为他们是依循着那份制约去看的。当我们对自己的世俗经验感到乏味时，我们就会想要其他经验，譬如宗教经验或灵视经验等。你一定会依循过去的历史背景而发展出灵视或其他的通灵经验，因为你已经受到了制约。你要十分留意这一点，并且要看见经验之中所蕴藏的含义。

那么，经验之中到底蕴藏了什么呢？经验之中一定有一个经验者。这名经验者就是他所渴求的欲望、他被教导的一切事物以及他的局限。他十分渴望能体验到他所谓的上帝、涅槃等。

如此一来，他一定会体验到这些东西，但是"经验"暗示着"认知"，而"认知"又意味着你已经知道了。因此，被你认出的那个东西不可能是新的，一颗需要体验的心其实是活在过去的，它永远不可能了解那个原创而又崭新的东西。因此，你必须摆脱掉想要去体验的那份渴望。

这种形式的冥想过程是充满艰辛的，而我们却希望生活能轻松、愉快、自在。每当困难产生时，你必须全神贯注地面对它，但你往往会说"这条路不是我要走的，我要走的是另一条路"。

所以，请观察你的恐惧、享乐、你所有的痛苦，以及生活里关系互动之中的复杂方面。你要非常仔细地进行观察。"纯然的观照"意味着没有一个观者的存在，因此也就没有所谓的压抑、否定或接纳，而只是纯然地看着你的恐惧。只要一有恐惧，就一定会有扭曲。当你在追求享乐时，追求的本身也是造成扭曲的因素之一。心中有痛苦也是一种负担。因此，当你的心在观察时，它必须放下这些问题，去体悟日常生活之中关系互动的真相。这是一件很难办到的事，因为我们的关系都基于我们对彼此所抱持的刻板印象之上。只要有一个制造刻板印象的人存在，这个印象制造者一定会阻碍两人产生真正的关系。在深入探索冥想这个主题之前，我们必须先理解这一点才行，因为这就是很少有人能正确冥想的原因。

所有的冥想体系都主张通过日复一日地练习某种方法来控制念头，因为念头正是干扰我们静心的因素。但是，请深入观察一下，那个掌控者到底是谁？你发现控制念头是件很重要的事，于是你说"我要试着去控制它"，可是念头却一再地溜掉了。你花了40年的时间企图控制念头，可你始终未成功。因此，你必须问自己，到底谁是那个掌控者？我们为什么要如此费力地控制念头？这表明有一个念头想溜掉，而另一个念头却说"我必须控制它"。这两者之间不断地产生挣扎、争斗和冲突。我们必须问自己，那个掌控者到底是谁？它不也是一种妄念吗？那个在企图掌控的念头告诉自己说"我必须控制另一个念头"，亦即某个分裂出来的碎片正在企图掌控另一个碎片。

我们的重点是要认清存在的只有思维活动，而不是思想者与思想同时存在，或是思想者控制了思想。因此，我们真正要关注的并不是如何控制思想，而是思维的整个过程。如果存在的只有思想，它为什么要停止？思想是一种活动，对不对？它就是一种落入时间的活动，这种时间的活动能不能停止？这才是真正的重点，而不是如何才能止念。一般的宗师一向重视止念的功夫，但只要一想控制什么，他们的内心一定会产生冲突，有压抑和费力的感觉。而且一有压抑，所有失常的举动都会产生。

我们的生活之中有没有可能不带着任何掌控性？这并不代表你可以为所欲为，或是任性随便。在你的日常生活之中，你有没有可能不怀着任何心理上的掌控性？你是可以办到的。然而，我们根本不认识毫无掌控性的生活是什么样的。我们只懂得掌控。只要一有比较之心，掌控的欲望就产生了。我拿自己与你相比，我发现我很想跟你一样，因为你比较有智慧，比较聪明，比较有灵性。我很想跟你一样，因此，我费力地想达到你的状态。但如果心理上没有任何比较的活动，又会发生什么事呢？这时，我就只是我罢了，心中不再有想要变得"更好"的念头。较量的活动如果停止，又会发生什么事呢？是不是因为我把自己和你比较了一番，才会认为你是聪明的而我是愚笨的，但是让我变得愚笨的，不就是"愚笨"这个形容词吗？

你去美术馆看画展时，自然会做比较，看看哪一幅画画得比较好。我们所受的传统训练就是如此。在学校里，我们总要求自己必须赢过别人。整个考试制度就是让我们在比较和费力中学习。我们现在要探讨的是，你一旦理解了度量的活动，并且认清了它的虚妄性，你自然会看见当下的真相，这时，你的心里只剩下"真相"。你一旦拥有了能量，自然会看见"真相"。以往你的能量一直消耗在比较之中，现在你终于拥有了观察当下"真相"的精力。如此一来，真相才能产生立即的转化。

因此，思想早已把自己分裂成掌控者与被掌控的对象。然而，存在的只有思想的活动，并没有掌控者与被掌控的对象之分。思想即是落入时间的度量活动。它能不能毫不费力地自然止息下来？如果我费尽心力地控制它，它还是会不停地活动。把思想者和思想一分为二的，正是我的这种自欺倾向。因此，存在的只有思维活动，而思想者原本就是思想本身。如果思想者不存在，思想也就不见了。那么，这个落入时间的思维活动能不能止息？换句话说，时间感能不能止息下来？

时间即是过往的一切，未来则是不存在的。所谓的未来，也只是过去与现在相遇，然后稍加变更再延续下去。这整个时间的活动——也是一种经验的活动或已知的活动——必须静止下来。除非你能从这个活动之中解脱出来，否则你是无法观察到崭新之物的。这个活动必须停止，但是你又不能运用意志力来控制住它，也无法通过欲求来止息它，结果它还是落在妄念、意象和感观的范畴之内。那么，思维活动要如何自在、轻松而又愉悦地静止下来呢？

你有没有舍弃过某种能带给你高度享受的事物——在当下立即舍弃？你有没有这样做过？我指的不是那些会带给你痛苦的事，因为那些事正是你想立刻放下的。我指的是能够带给你巨大快感的事。你有没有试着毫不费力地立刻放下？过往的一切就是我的历史背景。我们一向活在过往的记忆里——某人曾伤害过我、某人曾告诉过我某些事——我们的整个人生都花在回忆过往上了。当下所发生的事变成了我们日后的记忆，而记忆又变成了过往的历史，因此，我们一向活在过去的记忆里，而这个属于过去的记忆活动能不能停止呢？

过去的记忆在当下修正一下便延续到了未来，这便是时间的活动。记忆的活动会不断地和当下相遇,然后又延续到未来。"当下"是如如不动的,然而你并不认识当下是什么,你只认识思想的活动。那个如如不动的东西就是当下。"当下"意味着记忆的活动不介入眼前所发生的事。过往的记忆一触及如如不动的当下,便自然止息了下来。或者,过往的记忆活动跟如如不动的当下相遇的那一刻,便彻底止息了下来。这一点必须不断地加以观察和深思。请深入地探索一下。

接下来要讨论的是有关心智的问题,它不只是头脑或物质,还包括感官以及由思想组成的东西,这就是意识。在意识之中,还存在着各种各样的无意识需求。整个意识的活动能不能被完整地看见?而不是只看到局部,因为这样的检视方式是永无止境的。我们必须一眼就看透意识的完整内容,它才会止息下来,然后才能看到其他东西。因此,如果你真的做到的话,它就会止息下来。当你在看眼前的一张地图时,如果心中抱持着想要去某个地方的欲望,你就会产生特定的目标。但是看见整张地图时,你却没有任何特定的目标。道理就是这么简单,不要把它复杂化。同样,看见整个意识活动的内容也是没有特定目标的,这意味着你的心中没有任何动机。譬如观察你自己或是你的意识。

因此,若想完整地看见你的意识内容,心中就不能有任何动机或目标。一个已经被训练成永远带着目的在做事的人，还有可能完整地看见意识的内容吗？我们大多数人早已被训练成凡事都怀着某种动机的人。所有的宗教派别或其他人都说你必须抱持动机而行事。然而，你一有了动机——不外乎苦乐或赏罚——就会因为某个特定目标而无法看到意识的全貌。如果了解了这一点，并且真的做到了，你就不再抱持任何动机了。你不会再质疑"我如何才能去除掉我的动机"，而只是在没有特定目标的情况下看见某个东西的全貌，亦即那个会制造出目标的中心点已经不见了。那个中心点便是动机。如果动机不见了，中心点就消失了，于是目标也跟着消失了。这一切都是冥想所要下的功夫。

接下来呢？

这时，心已经准备好如如不动地进行观察。你理解了吗？因为你已经全盘看透了权威的真相，于是便开始彻底独立地点燃自性之光。这么一来，冲突就不见了，心或脑也不再存档。这时，心中连一丝一毫的活动都没有了。因此，它是完全空寂的，不是强制之下所造成的空寂，不是培养出来的空寂，也不是止念之后的空寂，因为这些都是没什么意义的事。我所说的空寂是日常生活里的自然产物。而日常生活是美好的，美本是如如不动的一部分。

美到底是什么？它是一种言语的描述吗？还是你所见到的高、矮、阴影及比例，或者是米开朗基罗的画作和雕像？美到底是什么？它是外在的东西吗？还是眼识里所产生的感觉？或者它既不在内，也不在外？美丽的东西、美观的建筑物、宏伟的教堂或是一幅美好的画作，好像都是外在的。还是因为我们的眼睛已经被训练成以比例来辨别美丑、深浅和风格的高低，所以美是存在于眼识之内的？也许它根本与眼识或外在的事物无关。

自我感一旦消失，美就出现了。当你在看的时候，你的自我一直在做出论断，一直对自己说："这个东西的比例太棒了。""它实在是太伟大、太静谧、太美妙了。"其实，你的自我感一消失，美就会出现。我们总想通过表达来满足自己，然而美一旦出现，你就不再想表达什么了。也许当你的焦虑、痛苦或哀伤全都消失时，美就出现了。

因此，心目前是寂静的，如如不动的。当内心所有的活动静止时，会出现什么东西呢？

慈悲是一种行动吗？如果你替别人做了一些事，或是到印度的乡间去帮助穷苦的人，你会觉得自己充满慈悲。然而，这些都只是不同形式的温情或感情罢了。我们要探索的是更重要的东西，那就是，心中的活动如果完全止息下来，会发生什么呢？是慈悲吗？还是更具超越性的一种东西？换句话说，我们的生活之中到底有没有一个彻底原创而又神圣的东西？我们并不知道什么是神圣的东西。我们以为教堂里、寺庙里、清真寺里的神像是圣洁的，然而这些都只是由思想制造出来的东西罢了。思想是一种物质活动。当心中的思想彻底静止之后，那个从未被人类或思维活动染指的东西会不会出现？这也许就是原创，因此也是最神圣的东西了。

这才是真正的冥想。一开始上路你必须一无所知。请仔细地听我说，如果你抱持着知识上路，一定会疑惑重重。假设你能一无所知地开始冥想，你就会见到绝对真理，也就是一种无所疑惑的确知。我不知道你听懂了没有。一开始，我们所谈的是我们必须深入地探查自己，而我们的自我就是已知的经验，因此，我们必须释放掉这些经验。从空寂之中自然会产生所有的活动。

那个最神圣的东西一旦出现，亦即处在真正的冥想状态里，人生的意义就截然不同了。它再也不是肤浅的了。你如果拥有了这个最神圣的东西，别的事便无关紧要了。

思想的局限

无论到世界的哪一个角落，你都会看到人的心努力创造出来的圣事圣物，从最粗糙的到最精致的，应有尽有。无论走到哪里，人们都在不断地探索什么才是神圣不朽的东西。为了追寻到它，全世界的僧侣都告诉你必须要信仰所谓的"上帝"。但是，在任何一种宗教或信仰的指令之下，你还有可能自由地探索它是否存在吗？或者，那只是一颗充满着恐惧的心所虚构出来的幻象，因为这颗变幻莫测的心，总想追寻某种永恒不变、超越时间的东西？无论我们相信与否，我们必须对这个东西感兴趣，因为除非你发现它，认识它，否则人生永远是肤浅的。你也许很有道德操守——这里指的是不带有任何强制，也不是在社会文化干预之下所产生的道德——生活也相当和谐、清明、平衡，里面没有任何矛盾和恐惧。但如果你无法找到那个人类一直在追寻的东西，那么不论你有多么崇高的道德，不论你做了多少社会公益活动或善行，你的人生都是肤浅的。若想得到真正的美德，你就必须活在深奥的宇宙秩序中。

如果你对生命够认真，对整个存在现象真的关怀，你就必须去探索，到底有没有一个不可名状、超越时间、非思想能够创造的东西，而这个东西并不是人心因渴望超越经验而制造出来的幻觉？你必须对它有所认识，因为它会为你的人生带来不可思议的深度——不只是意义非凡，还蕴含着惊人的美——其中没有任何冲突，只有圆满、完整和彻底丰足。如果心想要认识这个东西，它就必须放下所有人为的圣事，譬如宗教仪式、信仰、教条等制约。

我希望我们真的在交流，而且我希望你已经把上述一切都放下了，不只是口头上，而是从心底里放下了这一切，这样你才有能力自主，不再依赖任何事物。质疑是一件好事，不过它必须受到一些牵制。有节制的质疑本是一种探索的精神，但是对所有的事都质疑，却是毫无意义的。假如你已经理智地检视过人类企图追求不朽而发展的宗教组织，并认清了其中隐含的真相，那么你就有能力学习了。

思想永远也无法发现那个境界，因为它不只是时间和度量的活动，同时也是过往的历史，显意识或无意识皆是如此。假如思想说它想去追寻某个真实不虚的东西，那么它很可能投射出一个自以为真实的东西，因而制造出了幻觉。思想如果依循某种方法去发现真理，它自然会去依循圣人、宗教信仰和教条。不同的宗师们都会告诉你要控制念头，要依照他们所设置的模式来强压住念头，这样你才能发现那个真实不虚的东西。但是，你会察觉思想永远也无法发现它，因为思想在本质上是不自由的。思想永远不会是新颖的，若想发现那个完全无法被觉知、无法被知道、无法去认识的东西，思想就必须彻底安静下来。

思想能不能安静下来？不必费力，也无须控制。因为在你控制它的那一刻，掌控者就出现了，而它也是由思想创造出来的。然后，这个掌控者又开始控制它的念头，于是冲突便产生了。心智本是思想和演化的产物，它是一切知识的仓库，也是各种影响及经验的产物。这样一颗心有可能不经修炼、不受控制、没有任何形式的努力，自然而然地安静下来吗？只要一有努力，心就会产生扭曲。如果你我都认清了这一点，我们就可以清明地、正常地、健康地在日常生活中运作，而且有一种彻底摆脱身念之后的自由感。

但是，人类一直在试图搞清这样的状态如何才能出现？我们都很清楚，思想本是一种变幻莫测的东西，它可以被改变、修正、放大，但它无法真的洞悉任何事物。人类一直在探索控制思想的方法，因为我们很

思想如果依循某种方法去发现真理,
它自然会去依循圣人、宗教信仰和教条。
思想在本质上是不自由的。

清楚地看到，只有当心彻底安静下来的时候，我们才有能力清楚地看见或听到什么。心或头脑能不能彻底安静下来？

你有没有问过这个问题？如果有的话，那个答案很可能是根据自己的想法而得来的。思想能不能很自然地发现并认清自己的局限，然后安静下来？如果你观察过自己头脑的运作方式，你会意识到脑细胞里所储存的尽是昨日的记忆，因为昨日的记忆为头脑带来了巨大的安全感，明日是不确定的，但昨日却是确定的。知识之中存在着一种确定性。头脑里的东西永远是老旧的，因此头脑就是时间的产物。它只能按照时间来思考：昨日、今日和明日。明日是不确定的，但过往的一切延续到当下，就会让明日比较确定一些。这样一个头脑——受制于千万年以来的教育和训练——能不能彻底安静下来？请先试着理解这个问题，因为我们必须清晰地、理智地了解了其中的含义之后，才能在问题之中找到答案。答案就在问题中。如果你对所有的问题都仔细检查过的话，你会发现答案就在其中，不在其外。

接下来的问题则是，头脑或心以及整个有机组织能不能彻底安静下来？安静有许多种形式。两个噪音之间会出现暂时的安静，两句话之间会出现沉默；另外，寂静是可以被诱发出来的，也可以是被掌控和修炼出来的。上述的一切都是一种呆板而贫乏的空寂,并不是真的空寂。它们只是思想为了达到空寂而制造出的产物,因此,它们仍旧局限在思想的范围之内。

心如何才能在没有动机的情况下止念?如果它有动机,就仍然是思想的运作。你如果不知道答案是什么,我其实很替你高兴,因为这件事需要极大的诚实度才能弄清楚。若想弄清楚那个属于不同次元的东西是否存在,你就必须非常诚实,其中不能有任何自欺,不能有任何欲求。心只要一产生追寻此种境界的欲求,它就会开始创造发明,陷入幻觉和灵视之中。而这类灵视经验都是过往知识的投射,因此不论它有多么迷人,多么令你兴奋,多么伟大,都只不过是历史的产物罢了。

如果这一切你都明白了,不是字面上的理解,而是真的明白了,接下来的问题则是,意识的内容能不能完全释放掉?

我们日常的意识,包括无意识以及显意识两种层面,里面尽是它所累积的思想,那些通过挣扎、痛苦、自欺而累积下来的思想。这些内容便是你我的意识。若想发现是否有一种属于不同次元的东西,你必须非常诚实。但缺少了这些内容,意识又会变成什么呢?难道我只能通过内容来认识我的意识?譬如我是印度教徒、佛教徒、基督教徒、天主教徒、艺术家、科学家、哲人等。我执着于我的房子、妻子、朋友或是通过千百万年的历史累积下来的结论、记忆或印象。这些内容便是你我的意识，而意识又是时间、度量、比较、衡量、论断的活动。意识的领域之内充斥着我的各种思想，包括显意识与无意识在内。任何一种思维活动都在意识的范畴之内。因此，意识之内的空间是相当有限的。

如果我们共同认清了这一点，那将是你的认识，而不是我的。摆脱了所有的指导者，所有的教诲，你的心才能真的学习。因此，一旦有了足够的能量，你就会有十足的热情去探索真相了。可是如果你跟随某人，你一定会丧失自己的能量。

陷入时间感的意识，其中的空间是非常狭小的。你虽然可以通过想象和其他各种方法、各种扩张意识的技巧或更严密的思考来拓展它的空间，它仍然束缚在意识有限的范畴之内。任何一种想要超越它自己的思维活动，仍旧在这个范畴之内。譬如，你利用迷幻药来扩张意识，其结果是，这一举措仍然是在意识领域之内的一种思维活动。虽然你认为自己已经超越了它，其实你仍然在它的领域之内，因为那个境界只不过是一种概念罢了，除此之外，你也许还会经历更深的意识。因此，你认清了意识的整个内容，也就是"我"或"自我"，亦即所谓的个人性。只要是在这个意识范畴之内的经验，无论扩张到什么程度，永远都在时空的范围之内，因此，人若想有意识地努力超越这个范畴，一定会产生幻觉。努力追寻真理是件相当荒谬的事。由某位宗师指导你修行来达到开悟，但不去理解意识所有的内容并将其释放掉，这种做法就像是以盲导盲。

心即是它所有的内容。头脑则是过往的历史，思想都是从这些历史中产生的。思想永远是不自由、不新颖的。于是，下一个问题就出现了：整个意识的内容要如何释放掉？你不能采取任何方法，因为你只要一运用别人教给你的方法，或是发明出自己的方法，你的心就会变得机械化。如此一来，它就被困在时空之中了。心能不能看见自己的局限，并且凭着这份对自己的局限的觉察，将局限打破？它能不能不去问该如何释放掉心念，而是去彻底认清意识的整个内容，并且觉察和倾听意识的整个活动，然后通过这份觉察来止息自己的活动？譬如，我发现自己犯了某个过错，这份对过失的觉察便是真理，对自己谎言的觉知就是诚实。觉察到自己在忌妒，便是从忌妒中解脱了出来。换句话说，只有当观者不存在时，你才能非常清楚地观察到真相。观者即是过往的记忆、印象、结论、意见和论断。

因此，心能不能清晰而毫不费力地认清意识是有限的、缺乏空间的、受时间限制的？你能不能认清这些真相？如果你能安静地看着它，你就会认清它所有的内容——包括无意识以及显意识里的内容。这意味着你必须全观。从这全观的状态之中自然会产生能量。但是如果费心去观察，你的能量反而会被耗损。控制意味着臣服、比较、压抑，而这一切都是在浪费能量。只要能保持觉察，你自然会全观，完全不消耗任何能量。

如果你以全部的能量看着显意识及无意识里的所有活动，你的心便是空寂的。这并不是我的幻觉。如果这是我所下的一个结论，是我"想"出来的一件事，那么我就是在制造幻觉。假设我知道那是个幻觉，我就不会说出来了，因为我不想以盲导盲。如果你真的在仔细聆听，真的想弄明白的话，这里面的逻辑你一定可以很清楚地看见。

如何才能彻底揭露无意识的整个内容？首先，我们得认清问题是什么，才能往下探究。我们一向将生活中所有的事物都加以区分，所以我们也把意识分成了显意识及无意识。我们所受的教育和文化造成了这样的区别或分裂。无意识具有自己的动机、种族传承和经验。这些内容有没有可能被智慧之光或觉知之光照亮？你所提出的这个问题，是否暗示着有一个分析者在那里分析意识的内容，因而造成了界分、冲突、矛盾和痛苦？或者你完全不知道答案是什么，而只是单纯地提出这个问题？这是很重要的一点。如果你很诚实又认真地提出这个问题，而且对答案一无所知，你自然会有所发现；但如果你已经有了某种结论或意见，那么你就是抱持着预设的答案在探索这个问题。你也许是在依循某位哲学家、心理学家或精神分析师的观点在看这个问题，然而这些都不是"你自己"的认识，而是他们的认识。你只不过是在诠释或试图去理解他们，并不是在直观。

心如果够诚实的话，它会说"我不知道"！这时又会发生什么事呢？如果你说"我不知道"，那么别人的认识就不重要了，这时你的心自然是清新的。你的心因为说出"我不知道"而保有了清新的本质，因此，你所说的"不知道"如果有深度、有意义，而且是诚实认真的话，那么你的心便释放掉了所有的意识内容。知识即是意识的内容，你能不能看到这一点？如果心能承认自己不知道，它就永远是清新、活泼而流畅的，这么一来，它自然没有任何的中心点。但是它一旦有了中心点，便开始聚集意见、结论和界分感。

这些都是冥想的内容。换句话说，冥想就是在每个当下觉知真相——不是只有真相——觉知每个当下的真相与幻象。觉察到意识里的内容即是整体意识——这便是真相。认清自己不知该如何应付这些东西——承认自己不知道，便是看见了真相。因此"不知道"即是没有任何意识内容的一种状态。

道理就是这么简单。你也许会持反对意见，因为你想听到高深而复杂的道理。你不愿认清最简单的道理之中才有最非凡的美。

心或头脑能不能看见自己的局限——时间与空间所造成的局限？人只要活在时空的活动之中，一定会有痛苦，一定会产生心理上的绝望、希望以及随之而来的焦虑。心一旦洞悉到这一点，又会如何看待时间呢？它会不会触及思想无法染指的另一个不同的次元？我们曾经说过，思想便是度量，亦即时间的活动。我们都必须依循度量而生活，我们的思维结构总是基于度量和比较之上，可是那颗一再度量的心竟然还想超越自己，想去发现是否有一个无法度量的境界。认清这件事的虚妄便是一种真理，但思想一开始追寻那个无法度量、超越时间、不在意识范畴之内的东西，它就落入虚妄的活动里了。

如果你深入探索这些问题，并且一边探索一边学习，那么你的心和脑就会变得非常安静。你根本不需要通过任何方法、老师、宗师或修行体系来静心。

目前，世界上盛行着各式各样的冥想方法。人们往往会急于体验自己一无所知的事，并且过于贪心。现在，瑜伽也开始流行起来，它被引入西方世界的目的，是为了让人们获得健康、快乐、青春以及帮助他们找到上帝——五花八门的事都被牵涉其中。

此外，人们也对玄学产生了兴趣，因为它是那么的令人兴奋。对于那些真的在探求真理，想要全盘理解生命，又能如实看见妄即是妄以及妄中之真的人而言，玄学很显然是虚妄不实的，所以他们绝不会去触碰这个东西。我能否读到你的心念，你能否读到我的心念，或者我拥有可以看见天使、精灵之类的灵视能力，这些事都不重要。我们都渴望体验神秘的事物，却看不到日常生活的神秘性，因为我们并不热爱自己的生活。我们看不透这一点，所以才把精力消耗在无关紧要的事情上。

你如果把这一切都放下了，最核心的问题就会出现：那个不可名状的东西到底存不存在？你的描述一定不是那个被描述的东西。世界上到底有没有一个无边无界、超越时间的东西？你的空间一旦受限，心就会变得恶毒；一旦失去了空间，你就会变得残暴，想要摔东西泄愤。你很想拥有空间，但心智或思想是无法给你提供空间的。思想如果能安静下来，无边无际的空间就出现了。只有彻底空寂的心，才能探究那个超越度量的东西。

这才是独一无二的神圣之物——不是那些神像、仪式、救世主、宗师或灵视经验。只有一颗默然不语的真空之心，才能巧遇这个神圣的东西。只有在空寂之中，才能出现崭新的事物。

图书在版编目(CIP)数据

点亮自性之光 /(印)克里希那穆提(Jiddu Krishnamurti)著；胡因梦译. — 上海：上海社会科学院出版社，2017
书名原文：This Light in Oneself: True Meditation

ISBN 978-7-5520-2081-6

Ⅰ.①点… Ⅱ.①克…②胡… Ⅲ.①人生哲学—通俗读物 Ⅳ.① B821-49

中国版本图书馆 CIP 数据核字（2017）第 181129 号

THIS LIGHT IN ONESELF: True Meditation
by J.Krishnamurti
©1999 Krishnamurti Foundation Trust, Ltd.
Page 134 constitutes an extension of this copyright page.
Edited by Ray McCoy
Published by arrangement with Shambhala Publications, Inc.
4720 Walnut Street #106 Boulder, CO 80301, USA,
www.shambhala.com
through Bardon-Chinese Media Agency
Simplified Chinese translation copyright © 2017
by Beijing Green Beans Book Co., Ltd.
ALL RIGHTS RESERVED

上海市版权局著作权合同登记号：图字号 09-2017-535

点亮自性之光

著　　者：	［印度］克里希那穆提
译　　者：	胡因梦
责任编辑：	周　霈　　杜颖颖
特约编辑：	李少林
插画作者：	孙万帅
装帧设计：	主语设计
出版发行：	上海社会科学院出版社
	上海市顺昌路 622 号　邮编 200025
	电话总机 021-63315900　销售热线 021-53063735
	http://www.sassp.org.cn　E-mail: sassp@sass.org.cn
印　　刷：	北京中科印刷有限公司
开　　本：	889mm×1194mm　1/32
印　　张：	6
字　　数：	100 千字
版　　次：	2017 年 11 月第 1 版　2017 年 11 月第 1 次印刷

ISBN 978-7-5520-2081-6/B・225　　　　　定价：42.80 元

版权所有　翻印必究